宗教学关键词
（第一辑）

金 泽 主 编
袁朝晖 卓玲明 副主编

宗教组织

黄海波 著

商务印书馆
The Commercial Press

国家社会科学基金重大项目“宗教学理论的基本范畴研究”（22&ZD254）系列成果

宗教学关键词
总　序

宗教学研究在人文社科领域中属于跨学科的一个领域。来自不同学科的诸多学者在这一领域辛勤耕耘多年：宗教史领域的各个宗教史、教派史、地域宗教史、各国宗教史、通史、断代史、专题史的研究成果累累；宗教学理论则在其发展进程中形成了宗教社会学、宗教人类学、宗教心理学、宗教生态学、宗教与哲学、宗教与政治、宗教与艺术、宗教与科学等诸多分支学科，无论是国际还是国内的研究成果，都不断地推陈出新。相对于宗教史方面的研究成果和已经具有相当规模的现状调研和政策分析，对宗教学基本理论的建构性研究，无论是成果总量还是从业的专家学者数量都明显偏少。为此，在国家社科基金重大项目"宗教学理论建设的基本范畴研究"框架下，我们推出"宗教学关键词"研究系列，意在为进一步推动宗教学理论的发展提供平台，使中国的马克思主义宗教学理论研究形成具有中国特色的理论体系，同时吸引更多的学者（特别是中青年学者）关注和投身宗教学基本理论研究。

目前，国内外关于宗教的各类词典已有不少，或是全域性的或专门针对某个宗教，体量不等，大多词条少约百字多则千字计。如，1985 年伊利亚德主编了英文版《宗教大百科全书》，涵盖面很广，多数词条字数较少，虽有少数词条字数较多，但多是某一宗教或宗派的介绍。“宗教学关键词”研究系列并非一般的词典或百科全书式编纂，而是系统性的专题研究，无论是从体量上还是从性质上来说都属于学术研究与探讨。探讨的每个关键词都是宗教学理论的一个基本范畴。这种探讨的基础是相关学术史的发展历程和积累，同时也具有面向当代的问题意识。是对传统的“继往”，更是为学科的“开来”。

“宗教学关键词”研究系列体现三个特征：一是继承性、民族性；二是原创性、时代性；三是系统性、专业性。宗教学理论产生于西方，而我们的目标是形成以马克思主义宗教观为指导、立足于中国社会、体现中国各宗教历史发展和互动特色、系统化的宗教学理论，因此这个研究系列“既要立足本国实际，又要开门搞研究”：它的立场和方法是马克思主义的，它的情怀是中国的，它的眼界是世界的。

首先，马克思主义、马克思主义宗教观、马克思主义宗教学理论，三者虽有侧重点与关注面的不同，在人类认识自然与社会的整个知识体系中的位置和功能也不相同，却具有内在的贯通性。这种贯通性主要体现在马克思主义宗教学理论是以马克思主义作为它最根本的立场、观点和方法。无论面对大千世界的何种宗教现象，无论面对古往今来的何种关于宗教的理论学说，马克思主义宗教学理论都运用马克思主义的基本立场、观点和方法加以分析、定位和扬弃。而马克思主义的基本立场、观点和方法，最主要的就是历史唯物主义和辩证唯物主义。马克思主义宗教观主要是马克思、恩格斯、列宁等人在运用历史唯物主义和辩证唯物主义分析、阐释宗教现象、宗教形态、宗教学说和宗教运动的过程中，提出的一些基本论断和观点。今天，当我们面对千姿百态、复杂纷纭的宗教现象与学说时，特别是遇到与马克思、恩格斯、列宁他们得出那些具体论断所依据的生活时空不同的时空场景时，我们要像马克思他们那样，运用历史唯物主义和辩证唯物主义对当下的宗教问题做出与时俱进的分析和判断。

其次，作为生活在中国这块土地上的21世纪的中国人来构建马克思主义宗教学理论，我们与马克思、恩格斯、列宁他们生活的时代不同、国度不同，面对的问题也有差异，我们有中国的文化传统和背景，我们经历了与西欧和俄国不一样的现代化进程，我们国家处理国内国际问题的历史经历和经验也与当代的其他国家有所不同，所以我们是带着中国情怀建构中国马克思主义宗教学理论体系的。所谓中国情怀，我理解至少有三重含义。第一，中国情怀基于我们有着悠久的人文主义传统。这个人文主义传统内容非常丰富，在中国复杂的宗教信仰丛林中，有一条主线贯穿其中，这就是和宗法制度紧密结合的“祖先崇拜”“天命崇拜”和“圣贤崇拜”，这条主线影响了世世代代中国人生活的方方面面，更使中国人的宗教意识独具一格。第二，中国情怀在于中国有着特殊的有关宗教的历史经验。在中国历史上，尽管各种宗教层出不穷，儒家学说宗教化倾向日趋明显，有的地区也确实出现过程度不同、时间长短不一的政教合一政权，但从全国政权的性质观察，始终是世俗的王权居统治地位。宗教不仅根本就没有实现过大一统，而且大多数处于“助王政之禁律，益仁智之善性”的辅佐地位。中国宗教的演进，绝大多数是以和平方式进行的，未经突变的革命，更没有对旧宗教的彻底荡涤；各宗教互相渗透，在分化中有融合，在演进中有积淀。第三，中国情怀还源于近现代中国社会的巨变，中国人争取民族独立和社会民主的奋斗历程，世界战争、政治、经济、宗教的格局演变及其对中国诸宗教的影响，特别是中国共产党建党百年来处理宗教问题的实践经验，使近现代中国人不仅有历史传统的影响积淀，而且在大起大落的风云变幻中对宗教的社会历史作用有了切身的体验和感受。

最后，人类对自然和社会的认知是个不断探索、大浪淘沙的过程，而认知的获得一是来自人类追求真理过程中的实践和实验，二是来自与前人和同时代人认知成果的对话。它们包括马克思主义基本原理、马克思主义中国化的成果及其文化形态、中华优秀传统文化，以及世界上所有国家哲学社会科学研究取得的积极成果。正如毛泽东所说，“我们的态度是批判地接受我们自己的历史遗产和外国的思想。我们既反对盲目接受任何思想也反对盲目抵制任何思想。我们中国人必须用我们自己的头脑进行思考，并决定什么东西能在我们自己的土壤里生长起来”。与各种实践实验成果和认知成果的互动，既是吸纳，也是扬弃，既有批判，也有创新。只有在此基础上，才能实现在建构中国马克思主义宗教学理论体系中树立学术的主体性的目标。

中国马克思主义宗教学理论体系的建设任重道远，只要我们秉持的立场方法是马克思主义的，情怀是中国的，眼界是世界的，就能行稳致远。

“宗教学关键词”研究系列意在突出以下特点：一是在充分吸收、体现和反思国际宗教学界的相关研究成果的基础上，做出对各个范畴的系统性梳理与研究，同时也体现出国内学界对这些范畴的研究状况等。二是凸显问题意识，对已有的相关成果，不论是中国的还是外国的，都要带有批判的眼光，在发现问题、提出问题和解决问题的过程中推进理论的发展或提升。三是注意吸收中国经验，将中国历史文献与当前田野调研中的宗教现象、现状同现有的宗教学理论相对照，探寻新的理论生长点。四是引介一些范畴的新研究成果，虽然它们可能会略显不成熟或令人一时不好接受，但为我们提供了可以借鉴和带来启发的认识工具和分析工具。

为此，每个范畴的成果体量平均为七万字，包含的内容主要有:（1）这个范畴的起源、发展的学术历程；（2）这个范畴的基本内容；（3）与这个范畴相关的代表人物、学派及其主要观点；（4）这个范畴与相关学科或分支的基本关系和作用等；（5）这个范畴在中国的研究脉络；（6）这个范畴的进一步开拓点；（7）与此范畴相关的重要的中外参考文献。

“宗教学关键词”研究系列的出版，要感谢商务印书馆的大力支持。研究系列计划以“辑”为出版单位，每辑涵盖七个基本范畴，成熟一辑出版一辑。这一系列研究将出自众学者之手，既是大家对这一研究发展方向的认可，也是每位参与人为宗教学研究添砖加瓦的成果。若真能达到预想的学术建设和积累目标，不仅中国宗教学理论将自身具有一个更加坚实的理论基础和平台，而且对于培养学术新兵，对于在社会上普及宗教学常识，对于宗教学理论创新，也都会大有助益。

目　录

引　言

组织是宗教的重要构成要素。任何宗教的有效运作与生命延续都必定有自身合理的组织构造予以支撑。组织作为人类社会中结构化的群体现象，存在于任何宗教中。无论不同宗教的组织形态差异有多大，宗教都必须依托组织而运作，正如列维-施特劳斯（Lévi-Strauss）所说的那样，“人类从未经历过缺乏任何文化因而也缺少任何组织的自然状态”。[①]组织是宗教的基础载体，“没有一定的组织和制度规范起来的宗教是不存在的。宗教的组织和制度是一切宗教得以形成、赖以成型的基本要素”。[②]

近现代以来组织在宗教中的地位日益凸显，现代社会中大部分宗教所处的制度环境更对宗教提出了组

① 〔法〕让·卡泽纳弗：《社会学十大概念》，杨捷译，上海人民出版社2003年版，第9页。

② 吕大吉：《宗教学通论新编》，中国社会科学出版社2010年版，第272页。

织理性化、规范化、标准化要求，以此作为宗教合法性的条件之一。现代社会宗教多元化的现实，更使宗教在各种意义或解释体系的竞争环境中必须加强自身组织建设，以组织为载体展现和表达自身，获取各种资源。

然而，虽然组织在现代社会中无处不在、影响深远，但很多当代社会的痼疾和问题也被归咎于组织，宗教组织也常常被视为对活泼灵动的信仰构成了约束，其僵化、表面、功利的形式主义破坏了深邃清澈的“灵性”；宗教的大量负面因素也往往被归结于组织，如宗教极端主义、宗教恐怖主义以及破坏性膜拜团体（邪教）等等，都在各自组织的加持下对社会秩序和人身安全具有极强的破坏力。

总之，无论是从正面、积极的角度，还是从负面、消极的角度看，组织都是宗教领域中一个不可忽视的现象。组织在当代社会中极为重要，“可以说当代的历史发生在组织中，通过组织而演进”[①]，组织研究关心的是使人类群体始终维系不致消亡的原因。[②]宗教领域的

① 〔美〕W.理查德·斯科特、〔美〕杰拉尔德·F.戴维斯：《组织理论：理性、自然与开放系统的视角》，高俊山译，中国人民大学出版社2011年版，第9页。

② 〔法〕克罗戴特·拉法耶：《组织社会学》，安延译，社会科学文献出版社2000年版，第1页。

结构性特征及其发展变迁同样如此。研究现代性处境下的宗教必须重视宗教组织，宗教组织在当代宗教学中的关键性地位不言而喻。

第一章
宗教组织研究简史

社会生活不能游移于组织与机构之外而存在；以组织为载体的集体生活有着独特的运转逻辑以及由它所促成的特有合作形式，从而使人类社会始终维系，不致消亡。不过，尽管人类社会的组织现象古已有之，但对组织的运行逻辑、结构形式、内外部关系等等加以科学研究则是近代以来的事情。[①]当然，在此之前，有关组织的知识也存在一个“前现代传统”。在西方社会，这个组织知识的“前现代传统”大部分同天主教教会组织有关，这些知识并不像现代组织研究一样着眼于构建组织运作的普遍性科学主张，而是试图阐明某种基于规则和程序的组织技术或广泛的指导方针，

① Michael Grothe-Hammer, Sebastian Kohl, “The Decline of Organizational Sociology? An Empirical Analysis of Research Trends in Leading Journals Across Half a Century”, *Current Sociology Monograph*, 2020, Vol.68, No.4, pp.419–442.

以控制和运作庞大的（天主教）科层机构。[①]在中国，历史上也积累了大量针对政治、军事、家族、经济等领域中各类组织或机构有效运行的智慧和知识，它们不仅散见于历史著述中，而且在民间也大多以箴言、警句和家训之类的形式流传。

一般认为，对组织现象的系统、自觉研究，始于20世纪20年代前后；真正意义上的“组织理论”则归功于马克斯·韦伯的开拓性研究。[②]韦伯在组织现象上影响深远的观点和视角很大程度上来自对宗教组织的研究。因此，“宗教组织”作为学术概念的发展历程，从一开始就矗立于组织科学的源头，嵌入在宗教社会学与组织社会学/组织理论各自的发展及其相互影响的进程中。

第一节　宗教组织研究的源起

宗教，在社会学早期发展阶段，亦即社会学“经典时期”，始终是吸引“社会学之父”们的重要议题。

---

① G. Burrell, *Pandemonium: Towards a Retro-organization Theory*, London: Sage,1997, pp.131–135.

② 朱国云：《组织理论：历史与流派》，南京大学出版社2014年版，第2、3、5页。

奥古斯都·孔德、卡尔·马克思、马克斯·韦伯、埃米尔·涂尔干、格奥尔格·齐美尔等社会学创始人，尽管对宗教有着不同的态度与情感，但都把宗教视为“理解人类社会之结构与过程的关键”[①]，对宗教现象的分析为他们建构各自的社会学理论大厦提供了丰富的灵感。不过，除了韦伯以外，大多数古典时代的社会学大师都没有明确地聚焦于宗教组织，更不用说对之做出概念界定。孔德、涂尔干等的思考虽然含蓄地涉及了宗教组织，但没有围绕这个概念进一步具体化并给出系统的分析结构；他们大多致力于分析古代宗教的起源、思想特征、宗教在意识和精神维度上对社会施加的影响，以及宗教作为社会黏合剂将各种自然形成的社会群体和社会类别联结成整体社会的功能等问题。

宗教组织在宗教学和宗教社会学形成时期没有受到特别关注甚至被有意忽视，还有另一个重要因素，即深植于基督教文化之中的思想障碍。这个障碍是指存在着一种“对研究宗教的组织特征这种想法的普遍抵制”，它反映了从早期就弥漫在基督教思想中的张力，即“精神与形式的不相容”。这种观念认为，表达

---

① James A. Beckford, *Religion and Advanced Industrial Society*, London and New York: Routledge, 1989, p.7.

基督教教义和价值观的外在与可见的社会形式在本质上是微不足道的。传统的内在优于外在，内部优于外部，或精神优于文字的观念，往往使基督教文化领域的人们不愿认真关注由基督教群体构成的社会组织形式；对宗教组织的分析常常被指责忽略了宗教的“本质”，而关注整个宗教现象中最无趣或最无价值的方面。[①]这种观念把宗教组织视为对某些超越人类结构的东西的扭曲，因此，强调必须寻找被组织等外显因素所遮蔽的“纯粹”宗教。由此引申出的方法论和理论问题是，一些人认为，宗教组织作为分析单位的首要地位可能会分散或贬低与宗教相关的个人的或社会心理的问题。[②]这一观点否定了宗教组织的重要性。

但是，宗教组织毕竟是宗教的重要构成要素。特别是人类社会进入复杂分化的文明状态后，随着社会日益的分化和复杂化，宗教及其群体同社会的其他制度相分离，某些社会群体开始追求宗教利益并将之作为群体存在的主要理由和指导原则，亦即出现以培植

---

① James Beckford, “Religious Organization:A Trend Report and Bibliography Prepared for the International Sociological Association Under the Auspices of the International Committee for Social Science Documentation”, *Current Sociology*, 1973, Vol. 21, No. 2, p.19.

② Christopher P. Scheitle and Kevin D. Dougherty, “The Sociology of Religious Organizations”, *Sociology Compass*, 2008, Vol.2, No.3, pp. 981–999.

宗教利益（religious interests）为主要目的而建立的宗教团体或组织。尽管组织化程度有巨大差异，但宗教组织在人类社会发展到一定阶段后大量出现和存续是不争的事实。宗教组织的产生和引起关注，都是社会变迁的结果。在对西方理性的历史发展有着浓厚兴趣的韦伯看来，宗教群体及其组织结构、运作模式等是社会学研究的有价值的对象。

韦伯和恩斯特·特洛尔奇（Ernst Troeltsch）将宗教组织研究带入了理论分析和科学探索的新阶段。他们在20世纪初发展出的“教会–教派类型学”（church-sect typology），成为在宗教社会学中最重要的宗教组织分析框架。在韦伯和特洛尔奇后，对宗教组织真正意义上的系统研究才发展起来。这在一定程度上同社会学重心的转移以及美国宗教社会学领域对组织问题的实证研究的铺垫相关。

第二节　早期的宗教组织研究

早期对宗教组织的研究做出杰出贡献的是韦伯和特洛尔奇。美国学者与教会活动家保罗·道格拉斯（Paul Douglass）则是独立地系统研究了美国的基督教组织，他的研究据说完全没有受到欧洲理论的影响。这些早期的宗教组织研究基本发生在20世纪20年代前。

韦伯对“教会”和“教派”的分析可以追溯到1904年至1905年《新教伦理与资本主义精神》的第一次出版；在韦伯的其他研究中也散布着对宗教组织问题的探索。韦伯试图从基督教与更大的社会体系相互作用的角度理解西方世界理性化、多元化和世俗化的肇因、动力与过程；苦行的新教和理性的资本主义之间的相互促进，是他就这个问题进行探索的重点。因此，基于“成员模式”（mode of membership）这个核心要素，韦伯提炼出“教会–教派”的宗教组织“理想类型”。

特洛尔奇第一个将韦伯松散表述的关于宗教组织的见解系统化。在他的名著《基督教会的社会教义》（*The Social Teachings of the Christian Churches*, 1912）中，他分析了教会、教派以及神秘主义运动（mystical movement）这三种基督教组织类型的特征以及相互关联的内在逻辑，并强调这些组织形式同基督教的伦理观点相一致。正是特洛尔奇的努力，使得“教会–教派类型学”逐步成为一种对现实宗教组织加以评定分类的系统原则。这种分类在标准上与韦伯的“成员模式”不同，强调了“迁就”（accomodation）或“妥协”（compromise）。

随着社会学的几位重要的欧洲奠基者在20世纪最

初20年内相继离世，社会学的发展重心逐渐由欧洲转向美国。

不过，与社会学的几大欧洲创始人对宗教的重视不同，在19世纪末20世纪初——社会学在美国确立其独立学科地位的关键时期，宗教现象并不是美国早期社会学家关注的问题。这一时期也正是美国高等教育脱离宗教体制的现代转型时期，在高等教育领域的“科学主义”思潮使大学体制内的学者普遍对宗教持消极态度；而作为“启蒙运动之子”的现代社会科学，更因其与生俱来的反宗教“基因”而加重了这一时期美国社会科学领域中弥漫着的宗教冷漠气氛。[①]

尽管宗教在这一时期被美国主流社会学所忽视，但这并不意味着对宗教的社会学研究处于完全中止的状态。事实上，美国的教会团体（包括教会自身以及教会大学、神学院等）中一些认识到社会学巨大的方法论与理论意义的神职人员或虔诚的平信徒学者，从19世纪末以来就一直针对美国的宗教状况及其与社会的关系进行严格的“社会调查”。而这些调查通常是以宗教组织为单位。被誉为美国“宗教社会学之父”的保罗·道格拉斯就是其中的佼佼者。在20世纪20年

① Rodney Stark, “Atheism, Faith, and the Social Scientific Study of Religion”, *Journal of Contemporary Religion*, 1999, Vol. 14, No. 1, pp.41–62.

代，道格拉斯就已经组织了对全美基督教会状况的调研，收集了全美不同规模的56个城市的1041家教会的数据资料。以此为基础，道格拉斯在1926年出版了里程碑式的著作：《1000家城市教会研究》（*1000 City Churches*）。这项研究，不仅在宗教社会学，而且在普通社会学领域都堪称经典与先驱。它被认为是第一部"组织社会学"的经验研究，首次以组织为分析单元，并且利用经验数据建构理论命题，对正式组织及科层制问题有十分深邃的洞见。

1927年，道格拉斯又出版了该书的姊妹篇：《城市变迁中的教会》（*The Church in the Changing City*），用一系列个案研究揭示教会对城市环境的适应方式及其不足。在以这两部著作及相关的论文为中心所构建的教会组织研究中，道格拉斯以教会组织对城市环境的适应为中心，考察了美国基督教城市地方教会的数量、分布，以及它们在宣教、社会服务、组织运作效率等方面的表现，并同教会所处城市的人口规模、社会流动等环境因素相结合，指出城市环境对教会组织的精细化和功能差异化产生了结构性压力。基督教会组织在经济上的匮乏，僵化的宗教教条以及强烈的种族团结或组织排他性等因素干扰了教会的城市适应进程。同时，他根据地方教会对地方社会的适应能力，划分了若干教会类型；在设计一套指标对不同地方教会组织之间的亲和程度加以测量的基础上，道格拉斯进而深入剖析了教会合一在实践层面的可能性问题。

道格拉斯在这些研究中最突出的贡献，是对“教会”做出了界定，他第一次将教会界定为特定类型的机构，并提炼了反映教会特征的若干指标。[①]不过，总体上道格拉斯的研究偏重应用性，缺乏高深宏大的理论。但是，道格拉斯作为美国本土的基督教社会学家，他的研究扎根于美国社会文化中，“没有任何一个概念或理论来自欧洲社会学家及其美国模仿者”。[②]而且，他作为非学院派的社会学家，更致力于教会的实际事务，利用他的调查研究结论，为推动教会合一提供了实际的帮助。

第三节　教会-教派类型学的盛衰

与道格拉斯等偏重应用研究的社会学者不同，对宗教组织的研究在20世纪20年代后主要在特洛尔奇的

① Jeffrey K. Hadden and H. Paul Douglass, “His Perspective and His Work”, *Review of Religious Research*, 1980, Vol.22, No. 1, pp.66–88.

② Edmund deS. Brunner,“Harlan Paul Douglass: Pioneer Researcher in the Sociology of Religion”, *Review of Religious Research*, 1959, Vol.1, No. 1, pp.3–16.

理论基础上进一步发展。美国神学家、哲学家H. 理查德·尼布尔（H. Richard Niebuhr）翻译了特洛尔奇的著作，更在其名著《宗派主义的社会来源》（*The Social Sources of Denominationalism*，1929）一书中拓展了特洛尔奇的教会-教派类型学理论。他提出了后来广为人知的“宗派”（denomination）概念，并开创性地将“教会”“教派”处理成一个连续统（continuum）的两级，而不是如在韦伯和特洛尔奇那里作为离散的两种类型。尼布尔由此提出了教派向教会变迁的进化逻辑，对之后的教会-教派类型学研究中有关教派生成和变迁的分析产生了重要影响。同时，尼布尔更强调经济地位对宗教团体之结构和教义的决定性意义。

在尼布尔等学者的推动下，教会-教派类型学研究在20世纪30年代至60年代末形成一个繁荣期，成为宗教组织研究中居主导地位的理论。

这一时期对教会-教派类型的研究，主要立足于对美国多元宗教环境中基督教组织的观察。这个类型学背后的理论假设是，一个礼拜团体可以采取的组织形式是有限的，这些组织形式构成了在教派和教会之间进化的自然生命周期。因此，对宗教组织的研究旨在发现这种自然秩序的动态过程，从而能够将既存的宗教团体与不同的组织类型相对应。[①]也就是说，所有基督教组织所采取的组织形式都是教会-教派连续统的有限类型中的一种，并体现出与其组织形式相称的行为模式，其中尤其重要的是与外部社会的关系模式。明确了宗教组织属于哪种类型，也就掌握了这类组织及其成员的行为模式。

教会-教派类型学强调宗教组织发展演变的动态过程，这一过程遵循尼布尔的教派向教会进化的逻辑，即宗教组织最初以教派或新宗教运动的形式从原有的主流宗教传统中分裂出来，并与其身处的环境存在高度紧张的关系。而随着时间的推移，这些教派或新宗教运动逐渐向教会进化，与社会的摩擦减少。这会使教派中的部分成员感到不满，他们转而再次分裂，重新创建一个教派。

这一时期关于宗教组织的研究，几乎被教会-教派类型学框架所垄断。韦伯创造教会-教派理论以促进宗教比较研究的初衷，已完全被制定分类系统、对宗教组织加以归类的目标所取代。对类型学的兴趣导致不断产生新的宗教组织“类型”，使得这个类型框架越

① Patricia M. Y. Chang, “A Critical Analysis of the Study of Religious Organizations, 1930–2001”, in Michele Dillon(ed.), *Handbook of the Sociology of Religion*, Cambridge: Cambridge University Press, 2003, p.125.

来越复杂。也有学者认为，后续教会-教派类型学的进展，实际上是对特洛尔奇相关思想的误读。

在教会-教派类型学重大进展的同时，这个框架的问题也越来越明显。尽管从一开始学界对这个概念及框架的批评就不绝如缕，但真正的冲击从20世纪70年代后开始聚累。面对质疑，一些理论家也对教会-教派理论做出调整和修正，如英格尔（Yinger）的"多变量范式构型"（multi-variable paradigmatic formulation）、约翰逊（Johnson）的"单变量双极类型"（single-variable bipolar typology），以及沃利斯（Wallis）的综合模型等等；[①]但是，由于来自现实生活中令人困惑和混乱矛盾的经验证据持续出现，以及这个理论框架在概念上缺乏一致性，使教会-教派类型学陷入混乱。最终，学者们普遍同意完全放弃使用类型学。[②]许多批评人士认为对宗教组织的这种类型研究毫无意义，在概念上更是模棱两可和含糊不清，远远不足以对经验世

---

① William H. Swatos, Jr., "Weber or Troeltsch?: Methodology, Syndrome, and the Development of Church-Sect Theory," *Journal for the Scientific Study of Religion*, 1976, Vol.15, No. 2, pp.129–144.

② Patricia M. Y. Chang, "A Critical Analysis of the Study of Religious Organizations, 1930–2001", in Michele Dillon (ed.), *Handbook of the Sociology of Religion* ,Cambridge: Cambridge University Press, 2003, p.126.

界进行任何系统的分析。更严重的是，教会–教派理论本质上具有局限于基督教组织现象的狭隘性，而且其结果仅仅是描述性的，与社会学理论的其他部分无关。洛恩·L. 道森概括了对教会–教派类型学四个方面的批评：①

第一，教会–教派概念源于对欧洲天主教和基督教的分析，其核心观念源自对欧洲早期宗教运动特点的总结。尤其是这个框架主要奠基人特洛尔奇通过分析18世纪之前的欧洲基督教而抽象出教会与教派之间的关系特征，过于强调教派对主流教会的反感和抗议。这种状况符合中世纪和宗教改革时期的欧洲宗教生活，但与后来美国以及现代欧洲多元化和社会分化的社会环境中的宗教格局与关系特征相差甚远。

第二，从教派到教会的发展轨迹很难得到经验验证，并且往往掩盖了更复杂的宗教组织变动现实。大量研究发现，现代社会中一些膜拜团体和教派在第一代皈依者之后仍然存在，而且保持着初始特征。还有一些膜拜团体和教派发展出教会的一些特征，如

① Lorne L. Dawson, "Church-Sect-Cult: Constructing Typologies of Religious Groups", in Peter B. Clarke (ed.), *The Oxford Handbook of the Sociology of Religion*, New York: Oxford University Press, 2011, pp.531–533.

采取了官僚行政结构，但最终仍然以膜拜团体或教派的形态稳定下来，如“山达基”和“耶和华见证人”等。英格尔等学者用“建制教派”（established sect）、“制度化教派”（institutionalized sects）、“集中式膜拜团体”（centralized cults）、“建制性膜拜团体”（established cults）来标记这些不同的变迁，但仍然无法容纳现实中这类宗教组织的丰富表现。

第三，围绕“膜拜”（cult）这个术语和现象产生诸多混乱和困惑。尽管在特洛尔奇的类型学中，强调主观体验和放弃组织追求的个人主义性质的神秘主义被认为是膜拜团体这一类型的来源，但韦伯和特洛尔奇的教会-教派类型学实际上并没有包括这个范畴，神秘主义在特洛尔奇那里主要指一种信仰倾向。贝克尔首先将更重视个人信仰的宗教组织类型命名为“膜拜团体”。但这个词汇在基督教传统中带有贬义，常被用来谴责基督教内部各种神学上的偏离。其后，这个词又被用来指称现代社会中出现的诸多新兴宗教团体。这类组织的特点和发展演变更为模糊和复杂，难以找到可行的标准将之同教会、教派置于同一个有意义的连续统中。

第四，教会-教派类型学本质上是基督教的，难以在西方基督教背景之外具有解释价值。韦伯、特洛尔奇以及尼布尔，都是针对欧洲和美国的天主教、新教历史而概括出教会-教派类型特征的。虽然在解释美国自愿性宗教团体的多样性时，学者们对教会-教派类型学做了大量修正，但总体上仍然是立足于基督教的组织特点。

总之，随着时代的发展，组织社会学理论与方法快速演进，宗教自身发生了急剧变迁，教会-教派类型学的局限性越发明显，其解释力越来越弱，不可避免走向衰落，对宗教组织的研究进入多元化发展阶段。不过，在新的理论进展中，一些学者注意到，教会-教派理论框架在处理宗教组织与所处环境之间的关系方面仍然具有合理性，因此通过将之简化而纳入新的理论框架中，试图从这个理论衰败的废墟中抢救出一些有价值的洞见。所谓宗教社会学新范式的“宗教经济学”模型就采取了这种做法。

第四节　宗教组织研究的多元化发展

教会-教派类型框架及其所激发的研究兴趣在20世纪持续了近50年。

一些学者致力于发展一般的宗教组织分析框架，

其中的佼佼者是德裔美国宗教学家约阿希姆·瓦赫[1]。瓦赫在1944年出版的《宗教社会学》，标志着“宗教组织”作为一个独特的社会学概念的重要进展，也是在教会–教派类型分析之外的一般性宗教组织理论。瓦赫对这一主题的处理更具社会学或人类学色彩，而与作为神学家或基督教史学家的特洛尔奇和尼布尔明显不同。首先，瓦赫将宗教组织的概念尽可能广泛地涵盖基督教以外的其他各种宗教，对各种宗教中出现的宗教组织模式进行冷静分析，而不是像教会–教派类型学那样主要针对基督教组织；其次，他所采用的概念符合一个明确的理论视角：即社会单位规模不断扩大，财产、职业和等级方面的差异不断增加，以及某些杰出领袖的主动性，等等，都被作为解释宗教组织变化的因素；最后，瓦赫也试图对宗教组织进行分类。[2]不过，在当时教会–教派类型学一枝独秀的情势下，瓦赫的宗教组织研究并没有产生太大影响，更不可能对教

---

① 约阿希姆·瓦赫（Joachim Wach，1898—1955），德裔美国学者，新教神学家和宗教研究最重要的学者之一。瓦赫曾在德国莱比锡大学担任宗教史教职（1929—1935），后在芝加哥大学神学院任教（1945—1955）。他将现象学方法引入宗教研究，并对宗教社会学在美国的发展做出了重要贡献，被认为是宗教科学芝加哥学派的创始人。

② James Beckford, *Religious Organization: A Trend Report and Bibliography*, Berlin: De Gruyter, 1973, pp.15–16.

会-教派类型学形成冲击。但是，他的方法、视角和思路近年来正获得越来越多的重视。

宗教组织研究的多元化发展，主要得益于普通社会学中组织理论的繁荣。由于韦伯相关著作的英译本在20世纪40年代后期相继出版，刺激了真正意义上组织社会学的产生，标志着组织社会学作为一个社会学分支领域的出现。[①]由此，20世纪50年代开始了组织社会学的第一个黄金时期。20世纪70年代以后，组织社会学研究集中在组织与环境的关系这个主题上。目前成为主流的很多组织理论都在此时提出。由此，组织社会学成为现代社会学的"中心领域"，并对其他学科产生了重要影响。

理查德·斯科特与杰拉尔德·戴维斯把20世纪组织研究归为三种主要的视角或范式：理性系统视角、自然系统视角和开放系统视角。这三种视角对组织的理解和定义各有侧重，在此基础上各自提出了自己的分析进路。[②]所有这些理论的核心是两组关系问题，

---

① Christopher P. Scheitle and Kevin D. Dougherty, "The Sociology of Religious Organizations", Sociology Compass, 2008, Vol.2, No.3, pp.981–999.

② 〔美〕W.理查德·斯科特（Richard Scott）、〔美〕杰拉尔德·F.戴维斯（Gerald Davis）:《组织理论：理性、自然与开放系统的视角》，见前引，第37页。

即组织与个人的关系以及组织与不断变化的环境的关系。[①]组织领域的这些研究趋势同样也在宗教组织的研究中有所反映。

宗教社会学从20世纪70年代开始进入新一轮理论繁荣期，尤其是宗教现实的变迁、新兴宗教的兴起等，导致世俗化理论逐步走向没落；新的宗教组织类型不断出现，宗教组织的内、外部关系也日益复杂，使得教会–教派类型学开始受到越来越严厉的批评。同世俗化理论一样，教会–教派理论也被认为，虽然它可能是解释欧美基督教演变的合适框架，但它没有抓住当代宗教组织的复杂性，更无法容纳其他宗教的组织样态。

彼得·伯格（Peter Berger）在“看似有理性结构”（plausibility structure）这个独创的概念中揭示了宗教组织在宗教中不可或缺的构成性地位，是宗教社会学摆脱教会–教派类型学、回归宗教组织自身特征的社会学努力之一。“看似有理性结构”从“象征共同体”（symbolic universe）演化而来，是包含着对社会世界的“真实定义之网”以及与之相关的制度、组织体系的社会结构。宗教以及其他任何一种对于世界的合法

---

① Ali Farazmand (ed.), *Modern Organizations: Theory and Practice (2nd.)*, Westport: Praeger Publishers, 2002, p.49.

性解释体系，在社会结构上的必要条件就是形成自己的“看似有理性结构”。[①]在这个结构中，人们对置身于其中的世界之真实性毫不怀疑。所以，无论是宗教的神圣领域，还是理性的世俗领域，其维持长久存在的前提都必须是具备一个相对稳定“看似有理性结构”；这个结构越牢固，奠基于它之上的世界也越稳定。包括宗教在内的任何意识形态或观念体系，作为对世界真实性的合法性论证，只有处于一个“看似有理性结构”中时，才是有效的。只有当个人仍然留在某个“看似有理性结构”之内时，关于世界的概念对他才具有合理性。

维持宗教的“看似有理性结构”有两种情况，一是整个社会充当“看似有理性结构”来说明一个宗教世界，典型的如中世纪的欧洲社会；另一种情况是现代多元社会中的宗教“亚社会”，宗教的“看似有理性结构”收缩在了一个狭小范围内，并且，事实上又被切割为大量不同的“看似有理性结构”，形成各种具有宗派、教派特征的亚社会。显然，在伯格的理论框架中，宗教组织是“看似有理性结构”的核心组成部分，起到维持“看似有理性结构”的作用。

---

① 〔美〕彼得·贝格尔：《神圣的帷幕：宗教社会学理论之要素》，高师宁译，上海人民出版社1991年版，第55页。

随着组织社会学或者组织理论在20世纪70年代以来的巨大进展，宗教组织研究也从中获得了丰富的思想和理论资源。更主要的是，社会剧变以及现代性、后现代性交织的局面，使各类宗教在应对现代情境时都必须重视组织资源，而宗教在现代社会中的变化也包括宗教组织的变化。因此，对宗教组织的研究也更加迫切并日益受到重视。组织理论至少通过两条路径在宗教社会学中产生影响。第一条路径是明确吸收、借助一般“组织”文献中的概念、理论和分析框架而对宗教组织进行的研究。这个取向的研究同针对其他类型的组织（如公司）的研究没有太大区别，只是它使用了关于会堂（congregations）、宗派（denominations）、神学院（seminaries）等宗教组织的数据。在分析宗教组织现象时，使用的一般组织理论包括权变理论（contingency theory）、新制度主义（new institutionalism）、战略管理理论（strategic management）和组织生态学（organizational ecology）等等。第二条路径是指大量研究虽然使用了组织的视角，但并未运用正式组织理论的名称甚至概念。它们主要是针对不同宗教形态的研究，如世俗化中的宗教组织，尤其是新范式中的宗教组织变迁研究，以及新兴宗教运动、宗教与社会运动、以信仰为基础的（faith-based）宗教组织研究等。

第二章
宗教组织研究的基本内容

第一节　如何理解宗教组织

宗教组织作为组织的一种，具有一般组织的共性。因此，从一般组织的定义中，可以把握宗教组织的基本特征。当然，宗教组织又是一种特殊的组织，不能仅仅将之混同于“世俗”的组织，而忽略了其信仰核心，以及由信仰所生发的相应心理、文化传统在宗教组织的运作和内外部关系中的重要意义。理解宗教组织，既要把握其与一般组织共有的特点，更要理解其特殊性。

一、宗教组织与一般组织的共性特征

宗教组织的一般特征，体现在组织的共性中。可以从一般组织的定义中来理解这种共性特征。组织社会学对组织的界定，根据目前已出现的理性、自然和

开放系统三种视角而有所不同。其中，理性视角的组织定义最为流行，占据主导地位，甚至发挥着使组织学成为一个独立研究领域的作用。但是，其他两个视角的组织定义都从各自角度试图弥补理性视角的不足。理解宗教组织，可以先从一般组织的界定入手，然后结合宗教的特征，探讨有关宗教组织的界定问题。一般组织的定义有如下三种视角：

1.理性系统视角的定义：组织是意在寻求特定目标且具有高度正式化社会结构的集体。这个定义强调了组织的两个结构性特征，一是组织拥有相对具体的目标追求，二是组织相对而言是高度正式化的。因此，正是这种高度的具体化目标和高度的正式化结构的结合，使组织与其他类型的社会集体区分开来。组织在正式化水平和目标具体化的程度上要高于初级团体、家庭、社区以及社会运动等其他的社会集体。

2.自然系统视角的定义：组织是这样一种集体，其参与者追求多重利益，既有共同的也有不同的，但他们共同认识到组织是一种重要的资源，并保持其永续长存的价值。自然系统视角主张现实中组织所追求的目标通常是复杂、发散和易变的，参与者也更多受其个人利益驱动，并总试图将个人利益置于组织之上。

组织不仅是实现某种目标的工具或手段，也是一种值得获取的重要资产和宝贵资源，对组织的维护和加固本身也是一种目的。组织中的非正式结构的重要性往往高于正式结构。组织中的权力和影响力来自多种渠道而不仅仅依赖正式职位。

3.开放系统视角的定义：组织是相互依赖的活动与人员、资源和信息流的汇聚。开放系统视角对组织的界定有如下几个要点：首先，开放系统视角不同于前两个封闭系统的视角，它强调环境决定、支撑和渗透着组织，与外部因素的联系可能比内部要素更加重要。其次，开放系统视角强调个体拥有多重归属和身份，因此组织的参与者未必有着共同的目标以及为组织生存贡献力量的意愿，这就迫使组织的主要任务是谈判、联络感情和创造共同的解释体系，以便应对参与者不断组建和重组临时同盟的问题。再次，开放系统视角并不特别关注正式结构与非正式结构的区别，而是把组织视为相互依赖的活动系统，组织生存有赖于这些关联是否得到持续的激励并得以生产和再生。复次，在开放系统视角下，单一组织不再是首选分析单位，组织个体被视为某种结构类型的代表，或更大关系系统的组成要素；因此，开放系统视角推动了组织集、组织群和组织域的研究。最后，开放系统视角强调文化认知因素在组织构建中的重要性。组织处于各种概念、模型、意图、蓝本的包围中，不断有意或被迫地接受和适应这些文化因素。[①]

对宗教组织的界定，也不外乎以上三种视角。不过，遗憾的是，与宗教定义的复杂和难获共识一样，宗教组织的定义也没有受到一致认可的版本。而且，学者很少给宗教组织下正式的定义，而是心照不宣地直接讨论在各个具体宗教中的组织现象。而一些定义的解释也基本直接借用一般组织的定义，只是突出其宗教信仰的因素。比较强调定义问题的是所谓宗教社会学新范式“宗教经济学”模型的代表人物罗德尼·斯达克，由于他的理论采取了定义、命题等逻辑形式，因此，对宗教领域中所涉及的重要现象都努力做了清晰的界定。其理论体系的“定义12”就是关于宗教组织的定义：（定义12）宗教组织是社会单位，其主要目的是给一群个体创造、维护和提供宗教，并且支持和监督他们跟神的交换。而且，斯达克强调，虽然人们参加宗教组织可能是为了各种各样的世俗原因，但是一切被称作宗教的组织的存在理由不能不是跟神

① 〔美〕W.理查德·斯科特、〔美〕杰拉尔德·F.戴维斯：《组织理论：理性、自然与开放系统的视角》，见前引，第32—35页。

有关系的。[①]

陈荣富在概括宗教的六大构成要素时，把宗教组织和神职人员视为宗教的必要条件，指出“信仰宗教的人都加入一定的宗教组织”，宗教组织“被认为是已死的和活着的信徒的总体”，并强调宗教组织有“固定的神职人员……负责主持各种宗教活动”。[②]吕大吉先生在《宗教学通论》一书中，对宗教组织的定义是：“宗教的组织是宗教徒在其中过宗教生活并通过它进行宗教活动的机构、团体、会社、社区或其他形式的群体。”[③]同时，吕大吉先生也强调了宗教组织与制度两者密不可分。上述两种定义都强调了宗教组织的群体性特征，并突出了这些群体的主要活动内容是宗教生活和宗教活动，事实上把所有群体性的宗教共同体都视为宗教组织。但以上对宗教组织的说法实际上并不是定义，而只是说明了宗教现象中存在着重要的组织或群体现象。

罗竹风把组织视为宗教的三大基本要素之一，但

---

① 〔美〕罗杰尔·芬克（Roger Finke）、〔美〕罗德尼·斯达克（Rodney Stark）:《信仰的法则：解释宗教之人的方面》，杨凤岗译，中国人民大学出版社2004年版，第123页。

② 陈荣富:《比较宗教学》，中国文化书院1987年版，第20页。

③ 吕大吉主编:《宗教学通论》，中国社会科学出版社1989年版，第310页。

并没有对其给出简约的定义，而只是铺陈了与宗教组织相关的若干特点。同时，在讨论宗教与社会的关系时，强调宗教组织的目的是“处理各种与其信仰有着直接关系的事务”。[①]戴康生、彭耀则注意到组织与群体的异同，在讨论了宗教的群体现象后专门在定义中对宗教组织做了限定，认为“宗教组织是一种与统一的宗教信仰目标与行为体系相联系的、共同遵照一定的制度规范的信奉者所结成的社会群体”。[②]孙尚扬则沿用了戴、彭的定义，即宗教组织是“认同共同的宗教信仰目标与行为体系、共同遵照一定的制度规范的宗教信徒组成的宗教群体”。[③]李向平则从功能的角度把宗教组织界定为“培养、维护和实践宗教体验与信仰的基本中介”。[④]大体上，现有关于宗教组织的定义或描述性的界定，大都属于理解组织的“理性系统视角”，突出宗教组织的目标与制度，且具有明显的功能主义色彩，强调了宗教组织在创建和维护宗教思想、

① 罗竹风主编：《宗教学概论》，华东师范大学出版社1991年版，第192页。

② 戴康生、彭耀主编：《宗教社会学》，社会科学文献出版社2000年版，第113页。

③ 孙尚扬：《宗教社会学》，北京大学出版社2001年版，第48页。

④ 李向平：《中国当代宗教的社会学诠释》，上海人民出版社2006年版，第89页。

仪式、目标、认同等方面的功能。

二、宗教组织的独特性

尽管宗教组织也是组织的一种类型，但它毕竟有其自身的特点。如果简单地套用一般组织理论的概念，容易将宗教组织限制为宗教的“行政组织”，因此，有必要将宗教组织的概念同“教会行政”（ecclesiastical administration）概念区别开来。宗教组织的行政事务主要是集体活动的设计和执行等，不仅包括协调组织日常运行以从环境中获取各种资源，而且包括旨在最大限度提高效益的长期规划和组织活动。宗教组织的行政强调的是管理。而社会学的宗教组织研究，则主要涉及一个宗教集体内人们所构成的结构化关系，是成员间反复出现的相互关系的抽象模式。在此，宗教组织所涵括的内容远比行政组织丰富得多。

当然，对宗教组织的研究离不开一般组织理论的概念与理论工具，但应当避免对一般组织理论的简单套用，注意在强调宗教组织的社会性、制度性、结构性的同时，更应注意到宗教组织的宗教性在其组织生活中的表现和影响。宗教性导致一般组织理论中惯常的理论要素很难直接应用在宗教组织中。早在20世纪70年代，詹姆斯·贝克福德在有关宗教组织研究的趋势报告中，就对这个问题有过思考，这一思考至今仍有重要意义。在他看来，宗教组织研究需要注意以下三个方面的独特性：

首先，“目标模式”（goal-model）在分析宗教组织时的适用性问题。“目标模式”是组织分析的“理性系统视角”的主要模式，它根据组织的结构与变迁同组织目标之间的关系来解释组织现象。然而，“目标模式”应用到宗教组织则面临诸多问题。“‘目标’这个概念本身与生产性的组织及其他一些类型的组织有明显关系，但它可能与宗教组织的关联很微弱。”[①]作为“组织试图达到的理想状态”，组织目标只在宗教组织所追求的事物中占了很小的部分。事实上，对宗教组织而言，组织形式部分地体现了目标本身。“一个宣称拥有特定真理的团队的存在，就相当于该团队主要目标的部分实现。”[②]这对于宗教组织的革新与适应环境变化的能力有重要影响。也就是说，宗教组织的某些构成要素并不像在一般政治、经济组织中那样只有工具性的意义，这些要素本身通常成为宗教组织目标的

---

① James Beckford, *Religious Organization: A Trend Report and Bibliography*, p.20.

② James Beckford, *Religious Organization: A Trend Report and Bibliography*, p.11.

一部分，具有神圣性。所以，这些组织要素很可能不像在世俗的组织中那样可以根据需要而随时灵活调整。因此，对宗教组织来说，“信仰、目标和组织结构之间存在着一种系统的关系，无法将其中的任何一种割离开来对待或处理”。①

其次，宗教组织的“普遍主义”（universalism）倾向问题。贝克福德认为，绝大多数的宗教意识形态被其信奉者认为不仅对他们自己，而且对组织之外的人都具有绝对价值和终极意义。这一理念在现实中最突出地表现为宗教组织对随时接纳新成员持有开放和积极的态度。在某些情况下，普遍主义的立场主导并决定了整个组织活动的模式和重点。即使最大限度的成员招募不是一个宗教组织的主要理想和目标，它仍然可以被用作一种基于意识形态的合法化工具，以改变组织资源的实际分配。简而言之，许多宗教组织在意识形态方面潜在或明显的普遍主义，造成了增加成员数量的压力；实现这种增长可能与宗教组织的一些其他活动不相容。因此，“普遍化意识形态”（universalizing ideologies）以及“普遍化命令”（universalizing imperative）可

① James Beckford, *Religious Organization: A Trend Report and Bibliography*, p.23.

能会诱导组织去处理与它们不直接相关的问题，并会对宗教组织的结构和功能产生实质性的影响。在这种普遍主义的立场下，宗教组织不得不忽略其成员在自然属性、知识甚至宗教参与度上的差异，而承诺无差别地对更多的人表示责任与关切，甚至被迫提供更广泛的服务和供应。而纯粹名义上的组织成员也可以向组织提出要求，这也正是宗教组织的普遍主义意识形态的体现。[①]

最后，宗教组织有着其他组织鲜有的“忠诚模式”。宗教组织的一大独特性是一些成员对其所宣称的价值观、信仰和活动表现出异乎寻常的高度忠诚。虽然这绝对不意味着宗教组织的所有成员都表现出高水平的忠诚；事实上绝大多数宗教组织的成员并没有如此高的忠诚程度。然而，这一小部分高度忠诚的组织成员具有组织上的影响力，有助于将宗教组织与非宗教组织区分开来，并对宗教组织的结构特别是内部治理模式产生重大影响。[②]

以上三个方面的特征使宗教组织不能被完全纳入

---

① James Beckford, *Religious Organization: A Trend Report and Bibliography*, pp.27–28.

② James Beckford, *Religious Organization: A Trend Report and Bibliography*, p.29.

当时所流行的理性系统视角的组织分析中，并且事实上已显露出自然系统理论和开放系统理论的端倪。如自然系统理论认为组织不仅是实现某种目标的工具或手段，其本身就是一种值得获取的重要资产和宝贵资源，对组织的维护和巩固本身也是一种目的。这个观点就比较符合宗教组织缺乏明确的理性主义的组织目标，而将自身的存在作为一种目标的状况。

第二节　宗教组织的核心问题：皈信、信任与权威

宗教组织既有一般组织的共有特征，又因其对超自然的信仰而具有自身的独特性，因此，一般组织研究中相关主题和概念在宗教组织中的回响，或者运用一般组织研究的概念和理论框架分析宗教组织，就不得不考虑宗教组织自身的超自然因素特性在组织结构和运作中的影响。这种普遍性与特殊性的交织，在宗教组织研究中主要通过以下核心主题而体现：

一、宗教组织与皈信

宗教皈信（religious conversion），是指人们接受某种宗教信仰体系而成为其信徒的过程。在前现代以

及现代社会某些全民信教的社会中，宗教皈信是社会化的构成部分。在前现代社会的很多文化中，社会成员生来就是某个宗教的天然信徒。但是，在现代社会多元文化处境下，宗教信仰很大程度上成为一种选择。因此，影响人们做出这种选择的原因及其机制，引起人们极大的兴趣。社会科学中较早对这个现象进行研究的是心理学与精神分析学，曾经将《圣经》中保罗的皈依作为“宗教皈信”的原型，而将“宗教皈信”视作突然、剧烈而且本质上是非理性的现象。[①]尽管宗教皈信所涉及的心理-精神状态及其变化至今仍然受到关注，但宗教社会学对这一现象的研究极大地改变了原有的心理-精神取向，一定程度上，现代皈信研究主要考察的就是宗教组织对其成员的吸引和巩固问题。

宗教社会学对“宗教皈信”的系统研究，始于20世纪60年代。很大程度上，它是与“新兴宗教运动”（New Religious Movements）的研究同步兴起的。新兴宗教现象促使宗教社会学者去理解为什么不同阶层、不同需求的人，特别是受过高等教育、拥有良好家庭

---

① B.Kilbourne and James T. Richardson, “Paradigm Conflict, Types of Conversion , and Conversion Theories”, *Sociological Analysis*, 1988, Vol.50, No.1, pp.1–21.

背景的年轻白领，会被那些在社会大众看来荒诞不经甚至离经叛道的边缘宗教实践或膜拜团体所吸引而成为它们的信徒。对这些问题的研究，形成了若干有着深远影响的“宗教皈信”模型和分析框架，以解释人们接受新的世界观或信仰体系的原因与过程，并进而推广到对一般宗教皈信乃至“社会运动”的成员招募及团体维持等等现象的分析中。

其中，约翰·洛夫兰与罗德尼·斯达克在1965年提出的模型，是宗教社会学在这个问题上的开创性进展。[①]这个模型提炼自他们对美国一支膜拜团体（统一教的早期形态）的考察，包含七个要素，构成从“不信”到“皈信”的七个阶段。洛夫兰与斯达克假设，只有完全满足这七个条件，即完整地经历了这七个阶段，皈信宗教才能真正实现。因此，这个模型也被称作“条件累积模型”（model of the accumulating conditions），它把宗教皈信视为一种“增值”过程，每增加一个新条件都会提高皈信发生的可能性。[②]这个

---

① John Lofland and Rodney Stark, “Becoming a World-Saver: A Theory of Conversion to a Deviant Perspective”, *American Sociological Review*, 1965, Vol.30, No.6, pp.862–875.

② D.A. Snow and Cynthia L. Phillips, “The Lofland-Stark Conversion Model: A Critical Reassessment”, *Social Problems*, 1980, Vol. 27, No.4, p.430.

模型以其简洁的形式和清晰的逻辑迅速获得关注，很长时间里都是对宗教皈信现象最有影响的社会学解释框架。它更是注意到了宗教组织中的人际关系、社会互动及组织环境因素的作用。然而，随着研究的深入，这种阶梯式发展的“问题解决”（problem-solving）模型越来越受到质疑。[①]因此，从20世纪80年代末开始，针对宗教皈信又出现了多种新的解释模型。但是，没有出现得到普遍认可并能涵括所有可能影响因素的统一理论；这反映了宗教皈信现象本身的复杂性。

二、宗教组织与信任

“信任对稳定的社会关系非常重要”[②]，在人类不同社会活动领域都具有基础性作用。尽管信任的定义并不统一，但最低程度上它是指人们相信他人不会故意损害自己的利益，更进一步则是相信他人会为了自己的利益而行事；以这种信念为基础，才能产生稳定的社会交往关系，形成富有成果的集体行动与合作，并且

---

① Willem Kox, Wim Meeus and Harm't Hart, “Religious Conversion of Adolescents :Testing the Lofland and Stark Model of Religious Conversion”, *Sociological Analysis*, 1991, Vol.52, No.3, pp.227–240.

② 〔美〕彼得 · M. 布劳：《社会生活中的交换与权力》，李国武译，商务印书馆2008年版，第155页。

降低社会交往的复杂性，尤其是降低社会监控的成本。[①]

各种社会交往关系都涉及信任问题，故而信任也具有不同类型，如政治信任、社会信任与人际信任等。相对而言，宗教对“社会信任”的影响更为直接和显著。在信任研究的初始阶段，研究者大多遵循韦伯的思路，把宗教视为一个整体，强调宗教（主要是新教）与可信任性（trustworthiness）之间的正相关关系，认为宗教结合了行为的道德戒律，鼓励人们勤奋工作和遵守规则，因此提高了社会的整体信任水平。[②]如弗朗西斯·福山、罗伯特·帕特南等在社会资本的框架下分析认为“集体崇拜的信仰团体，是美国社会资本最为重要的宝库”。[③]这些研究推崇宗教组织在创造高水平信任方面的贡献，使之或多或少被抹上了社会信任

---

① 关于信任的有关界定及其在社会交往中的重要意义，参见〔美〕詹姆斯·科尔曼:《社会理论的基础（上）》，邓方译，社会科学文献出版社1999年版，第108—135页;〔美〕罗伯特·帕特南:《使民主运转起来——现代意大利的公民传统》，王列、赖海榕译，江西人民出版社2001年版，第195页;〔德〕尼古拉斯·卢曼:《信任——一个社会复杂性的简化机制》，瞿铁鹏、李强译，上海人民出版社2005年版，第10页;〔英〕安东尼·吉登斯:《现代性的后果》，田禾译，译林出版社2000年版，第6页。

② N.Berggren and C. Bjørnskov, “Is the Importance of Religion in Daily Life Related to Social Trust? Cross-country and Cross-state Comparisons”, *Journal of Economic Behavior & Organization*, 2011, Vol.80, No.3, pp.459–480.

③〔美〕罗伯特·帕特南:《独自打保龄——美国社区的衰落与复兴》，刘波等译，北京大学出版社2011年版，第62—63页。

之主要源泉的理想化色彩。

但是，大量研究表明，宗教组织对社会信任的影响是复杂的。很多研究注意到了宗教的保守性与开放性对社会信任的不同影响。例如，在新教中，福音派、五旬节宗派以及一些非主流的保守与基要主义（Christian fundamentalism）教派，倾向于强调人类的罪性，认为本组织以外的世界是不友好的，从而形成“抗拒性亚文化壁垒”，试图隔离世俗社会的败坏影响；这些宗教组织的成员，更愿意信任内部成员，其对社会的总体信任水平低于主流教会成员。[①]此外，一些学者意识到，不能脱离社会情境孤立地看待宗教与信任的关系。例如，同样是天主教，其教义和组织活动方式大体相同，但在有些国家对信任有显著的正面影响，而在另一些国家则没有显著关系，甚至在同一个国家

---

① C. E. Smidt, "Religion and Civic Engagement: A Comparative Analysis. Annals of the American", *Academy of Political and Social Science*, 1999, Vol.565, No.1, pp.176–192; M. R. Welch, D. Sikkink, E. Sartain and C. Bond, "Trust in God and Trust in Man: The Ambivalent Role of Religion in Shaping Dimensions of Social Trust", *Journal for the Scientific Study of Religion*, 2004, Vol. 43, No.3, pp.317–343; T. Coreno, "Fundamentalism as a Class Culture", *Sociology of Religion*, 2002, Vol.63, No.3, pp.335–360; S. W. Lundasen and L. Tragardh, "Social Trust and Religion in Sweden: Theological Belief Versus Social Organization", in Joep de Hart, Paul Dekker, Loek Halman (eds.), *Religion and Civil Society in Europe,* London and New York: Springer, 2013, p.113.

的不同地区，天主教对信任的影响也不同。①这种差异源于不同社会情境，而不是教义或信仰。

因此，在考察宗教对信任的影响时要区分信仰的个体认信层面和集体实践层面。这是由于，虽然教义包含的价值观内化于个体，对信任会产生一定效应；但是，在现代社会中，宗教组织在集体活动中创造社会网络与社会资本，在共同体的参与中抑制机会主义（即不值得信任的）行为，从而对信任有更加显著的影响。②这意味着，教义对信任的影响，受到宗教组织实践方式的调整。因此，无论宗教组织所持教义的保守程度如何，它们都会根据所处的不同情境，发展出开放度不同的实践形态，从而通过组织的“网络溢出效

---

① Pablo Brañas-Garza, M. Rossi and D. Zaclicever, “Individual’s Religiosity Enhances Trust: Latin American Evidence for the Puzzle”, *Journal of Money, Credit and Banking*, 2009, Vol.41, No. 213, pp.555−566; P. J. Zak and S. Knack, “Trust and Growth”, *The Economic Journal*, 2001, Vol.111, pp.295−321.

② R. Barro and R. McCleary, “Religion and Political Economy in an International Panel”, *Journal for the Scientific Study of Religion*, 2006, vol.45, pp.149−175; M. R. Welch, D. Sikkink, E. Sartain, and C. Bond, “Trust in God and Trust in Man: The Ambivalent Role of Religion in Shaping Dimensions of Social Trust”, *Journal for the Scientific Study of Religion*, 2004, Vol.43, No.3, pp.317−343; D. Wollebaek and P.Selle, “Origins of Social Capital: Socialization and Institutionalization Approaches Compared”, *Journal of Civil Society*, 2007, Vol.3, No.1, pp.1−25; P. Paxton, “Association Memberships and Generalized Trust:A Multilevel Model Across 31 Countries”, *Social Forces*, 2007, Vol.86, No.1, pp.63−75.

应”而对参与较深者的信任水平产生更为实质性的影响。[①]这意味着，那些开放度高的宗教组织，即使信仰趋于保守，也能具有较高水平的社会信任。

三、宗教组织中的权威

权威或权力问题在宗教组织研究中处于核心地位。任何组织的有效运作都有赖于权力系统的存在，通过权力系统对组织内部活动及个人意愿的控制与协调才能有效实现组织目标；对秩序和结构的分析很大程度上就是对权力和权威的分析。因此，一方面，宗教组织同其他组织一样，其正常运作依赖权威和权力的确立与运用，并在此基础上形成稳定的组织秩序，权力或权威系统的存在和有效运作是宗教组织集体行动的根本保障。另一方面，宗教自身对权力权威问题也十分重视，是各个宗教在其神学、教义中必须处理的核心问题。宗教赖以存在的根本，是信徒服从于宗教所宣称和主张的权威，无论这个权威和权力是附着于神和神灵、圣书文本还是宗教机构。

在现代社会中，宗教组织面临着如何平衡科层制

① MacGregor, “Religion and Volunteering in Context:Disentangling the Contextual Effects of Religion on Voluntary Behavior”, *American Sociological Review*, 2012, Vol.77, No.5, pp.747–779.

权威体系与表达宗教教义的神学权威体系的问题，这是宗教组织的权力-权威现象及与之相关的关系格局同其他世俗性组织的根本性差异。研究宗教组织的学者很早就发现，不同宗教各自阐释了权力-权威问题的神学和教义，形成了不同的权力和权威的表达形式，反映为不同的组织治理模式。有学者指出，虽然不清楚是以权威的不同神学理解产生了不同的组织形式，还是不同的组织构造最终创造了特定的教义神学对权威的解释，但是，毫无疑问，宗教组织通过其组织的结构与运作形式表达出的权威有很大差异。

在宗教领域，宗教权威的基础往往存在于超验或超自然领域，超出了人类现实理性把握的范围，这种权威具有韦伯所说的卡里斯玛性质，它的产生与某些神秘事件、仪式相联系，通过神话或教义的阐述与合理化而被赋予某个行动者。这种宗教权威不同于科层制法理结构中与自然人相脱离的职务权威。学界对这种差异早有认识，认为世俗社会的制度化过程所形成的法理型权威，与宗教领域中的权威之差别在于，后者的权威基础通常在人类社会的秩序之外。①因此，宗

① John Niles Bartolomew, “A Sociological View of Authority in Religious Organizations”, *Review of Religious Research*, 1981, Vol.23, No.2, pp.118-132.

教职业者或“仪式专家”在宗教中即人神关系的“专业”问题上所具有的权威，是宗教组织制度化研究关注的重点之一。

对宗教组织的权威现象进行系统分析，很大程度上也是同世俗化理论的争议密切结合在一起的。经典世俗化理论认为现代性使宗教失去了在社会中的重要性。但是，这种笼统的判断招致了猛烈的批判。因此，很多学者开始对世俗化理论加以修正，使之更符合现代性处境下宗教演变的真实状态。从宗教权威角度来理解世俗化是一个非常有影响的理论创新，其代表人物是美国圣母大学社会学家马克·查维斯（Mark Chaves），他以“宗教权威作用范围的衰退”（Declining Scope of Religious Authority）来取代“宗教衰落”这样一种传统的模糊观点，围绕“宗教权威”这一核心概念，建立颇具操作性的“新世俗化理论”（Neosecularization Theory）。[①]查维斯把宗教权威界定为一种存在于各个宗教传统中的“社会结构”，在这个结构中，人们获得某些他们所期待的利益之“途径”，这些“途径”由宗教精英控制并根据宗教教义而合法

---

① Mark Chaves, “Secularization as Declining Religious Authority”, *Social Forces*, 1994, Vol.72, No.3, pp.749–774.

化，从而实现对宗教组织及其信众的控制，产生稳定的组织秩序；这种控制的合法性包括一些超自然的成分，无论多么微弱。

查维斯指出，人们成为宗教信徒并归属于某个宗教组织，总是期待获得某些利益；这些利益在不同的宗教传统中有很大差别，获取途径也多种多样。当这些利益嵌入特定的宗教传统中时，获得这些利益的途径就由宗教权威界定，并通过某些超自然的因素将这些途径合法化。宗教权威结构就是使用超自然力量来控制信众所期待利益的获取渠道，从而维持自身。这些利益，可能是从疾病、无意义、贫穷、欲望、罪恶或其他不良状况中解脱的方法；或者是获得的好处，例如永生、涅槃、乌托邦、完美健康、巨大的财富或其他有价值的状态；等等。具体途径包括成为某个宗教组织或宗教共同体的成员、退出世俗世界、尊奉某些信条，以及遵循一套饮食法则或仪式义务等等。利益或宗教产品既可能是超凡脱俗的，也可能是现世的；既可能是精神的，也可能是物质的。

从宗教权威的角度将世俗化理论加以重新修正，是查维斯的重要贡献。根据查维斯的观点，所谓世俗化，就是宗教权威在宏观的社会层面、中观的组织层面以及微观的个人意识层面的控制范围、控制程度和控制力度都发生了衰退。这比笼统谈论宗教衰退更加准确。因此，在社会层面上，世俗化可以被理解为宗教精英的权威施加于其他功能领域之能力的衰落；在组织层面上，指在宗教领域内宗教权威控制组织资源能力的衰落；在个体层面上，指个人行动服从于宗教权威之程度的下降。

从宏观的社会整体层面看，在人类漫长的历史中，宗教在很长时期里本身就是社会权威的基本来源，例如，欧洲中世纪政教关系格局中天主教会具有被《圣经》及其教义所合法化了的权威，这种权威往往集中体现在教皇的个人权威上。不过，研究发现，欧洲中世纪教会对权威的主张、使权威得到承认的努力以及将其转化为更具体的权力形式的斗争贯穿始终。中世纪天主教会及其神职人员、相关机构等对权威的主张在表达和实施过程中经常受到质疑和抵制，并在复杂的竞争性环境中经常成为辩论和谈判的主题。[①]在不同的政教格局中，宗教组织的权力与权威有很大差异。这种差异也与宗教的神学与教义有关。同时，现代意义上的政教关系主要是指国家与基于独立组织的制度

---

① Thomas W. Smith (ed.), *Authority and Power in the Medieval Church, c.1000–c.1500*, Turnhout: Brepols Publishers n.v., 2020.

性宗教的关系。

除了考察宗教作为一个整体所具有的权力-权威问题外，宗教内部的权力-权威体系及其运作与变化更是宗教组织研究的重要内容。对宗教组织来说，信仰、崇拜以及教义通过组织而制度化，这将导致该宗教内行政等级制度的发展。“宗教的教义与其教会的行政结构之间通常存在密切联系。”①

第三节　宗教组织的类型学研究

社会科学家们试图解释宗教组织的结构及其运动，同时也关注它们的多样性。社会科学的宗教研究，其中一项重要内容就是根据相应的标准对宗教组织加以归类，并创造出相应的类别术语，从理论上解释这些不同形式的宗教组织及其运动，分析以组织为载体的信仰实践，探究教义教理、意义系统、伦理规范同宗教组织的形式、组织内外部关系之间的复杂关联。自宗教社会科学尤其是社会学的宗教研究产生以来，已经出现了大量的类型学研究，其中最著名的就是教会-

① Paul Harrison, *Authority and Power in the Free Church Tradition*, Princeton: Princeton University Press, 1959, p.5.

教派类型学研究。尽管教会-教派类型学的局限性已经使其丧失在宗教组织分析中的主导地位，但在某些方面仍然具有一定的解释力。一些学者也从教会-教派类型学中提炼出若干合理因素，继续用于宗教组织的分析中。[①]

一、基本信众组织及其他

在教会-教派类型分析热潮退却后，对宗教组织的研究逐步转向各个宗教中不同层次的具体组织及其形式。例如，对作为基本信众组织的宗教会堂（congregation）的研究揭示了这种组织类型在美国宗教领域的主导地位。由于制度与文化环境驱动下的“组织趋同”，研究认为，美国宗教领域产生了一种事实上的“会众主义”（congregationalism），它成为一种主导性的组织原则，使得印度教、佛教、伊斯兰教等进入美国社会后也采取了同天主教、新教以及犹太教一样的会堂式基本信众组织模式。

典型的会堂一般有100名左右的稳定的参与者，他们相互认识，对团体有归属感。不过，在不同的文

① 关于教会-教派类型学研究，详见本书第一章第三节、第四章第一节。

化、社会环境中，或者在新的神学思想驱动下，会堂组织的规模、运作方式等也有很大差异。如韩国首尔汝矣岛全福音教会是一个五旬节基督教会，而且是一个由号称超过80万信众组成的单一会众组织。这种“巨型教会”（megachurch）虽然不是会堂组织的典型，但其所反映的时代变迁与宗教领域的自身变化也引起学界的浓厚兴趣。

会堂这类基本会众组织在当代也突破了地域限制，出现了多地点会堂。这类会堂并非由多个不同地方的组织构成的组织体系，而是单一会堂，它们借助于现代互联网及音视频工具提供的远程交流途径，将数个不同地点的信众联结起来，但仍然作为单一会堂组织而活动，他们可以在不同地点同时进行礼拜，成为“一个教会、多个地点”的会堂。①

“会堂”是宗教信众构成的最为基本的、地方性的组织，也可以说是宗教组织的最小独立单位，它们一般构成更大的宗教组织体系，其中最为典型的就是宗派。宗派一直是宗教组织研究的重点，大多数关于教会和教派的理论都是有关宗派的，如浸信会、卫理公

---

① Christopher P. Scheitle and Kevin D. Dougherty, “The Sociology of Religious Organizations”, *Sociology Compass*, 2008, Vol.2, No.3, p.991.

会、长老会等，它们都是由数量不等的地方会堂构成的组织系统。除了一些传统的研究，如考察宗派的成员构成、会堂数量增减以及宗教组织的财务与管理等以外，现有的研究发现宗派在社会的宗教领域以及在个人崇拜者的宗教生活中，其历史地位已经发生了重大改变，一个明显标志是独立的非隶属于任何宗派的会堂的影响日益增强。

此外，在现代社会中，当代宗派体系与现代公司相似，都包含着一系列发挥不同功能的组织，而不单局限在宗教崇拜方面。如一个当代的宗派组织系统内都会设立宣教机构、养老基金、慈善机构和出版公司等。除了传统的会堂、宗派等宗教组织类型外，现代社会中新出现了一种"宗教促进组织"，它们不一定以会堂或宗派的名义出现，也不一定同会堂和宗派有隶属关系，但与会堂和宗派一起工作。

因此，有学者将宗教组织分为三个层次：初级组织包括会堂与宗派；次级组织是为会堂和宗派服务的宗教机构，如传教组织、神学院和宗派出版社等；三级组织则是跨宗派甚至跨宗教的组织，联合不同的宗派甚至宗教以促进特定问题的处理，寻求广泛变革。[①]

---

① Christopher P. Scheitle and Kevin D. Dougherty, "The Sociology of Religious Organizations", *Sociology Compass*, 2008, Vol.21, No.3, pp.993–994..

当然，也可以按不同宗教的教别、历史传统或者神学取向等划分不同的宗教组织类型。

二、组织变迁与宗教格局：美国基督教案例

对宗教组织的类型学研究并非只是简单地对宗教组织做出区分，而是基于不同类型的组织探究更深层次的社会与文化变迁问题。美国宗教社会学家罗伯特·伍斯诺（Robert Wuthnow）坚持从宗教与社会的互动角度，分析美国宗教的结构重组，堪称这一领域的研究典范。

伍斯诺把宗教组织视为宗教社会学的基本分析层次，认为现代社会中宗教组织拥有回应各种挑战的资源，是宗教在现代社会中摆脱世俗化理论所设定的线性衰落命运的基本条件。伍斯诺分析了作为世俗化之例外的美国基督教在应对现代性过程中的组织变迁问题。他认为，美国基督教领域在组织层面发生了两个重要变化，这些变化在20世纪六七十年代逐步变得明朗，对于美国基督教的结构重组有着决定性的影响。这两个组织变化，其一是宗派主义（denominationalism）重要性的下降；其二是相应于宗派主义重要性下降而出现的大量具有特定目标的团体（special purpose groups）。

第四节 新兴宗教组织研究[①]

一、围绕“洗脑”假说的争议

现代新兴宗教研究在20世纪70年代末兴起后，在很长一段时期内，学界的兴趣集中在那些被社会公众视作具有破坏性和极端性的边缘宗教组织上。人民圣殿教、太阳神殿教（1994年）、奥姆真理教（1995年）、天国之门（1997年）等膜拜团体的集体自杀与谋杀事件，更引发社会的恐慌，“洗脑”假说一度成为新兴宗教研究的主流观点。这个假说在20世纪70年代被引入新兴宗教研究，获得了相当一部分学者尤其是心理学家的支持，用来分析膜拜团体/新兴宗教对其信徒的控制过程。这个概念同其衍生的其他概念，如“心智控制”（mind control）、“胁迫–说服”（coercion-persuasion）等等一起，构成大众反膜拜运动（anti-cult movements）的理论基础，并为民间反膜拜运动中盛行一时的强制脱教措施提供了合法性解释。

但是，部分学者尖锐地指出，这个指控缺乏科学依据，“洗脑”假说本身并不是一个基于科学程序而形

① 参见黄海波：《当代西方新兴宗教研究中的三大争议性主题》，《新疆社会科学》2011年第2期，第78—84、148页。

成的科学理论；建立在这个充满偏见的意识形态上的各种对膜拜团体精神控制的指控，很大程度上也是错误的、非科学的。20世纪80年代以来，社会学者进入大量新兴宗教团体内部进行广泛而深入的实地调查，获得大量与"洗脑"假说不一致的发现。总体上这些研究认为，皈依和参与新兴宗教或替代性宗教的人大多是自愿的，没有明显丧失自由意志。但相当数量的临床心理学家、精神病学家和社会工作者仍然坚持认为，某些新兴宗教组织确实使用了诸多心智控制手段和操纵性的心理实践，存在着明显的因为参与膜拜团体而诱发的心理问题。研究发现，一些人确实比其他人更容易陷入膜拜团体，虽然未必受到明显的精神控制，但反映出他们个人缺乏意义感、与社会的疏离感以及较强的相对剥夺感等心理、精神方面的问题。[①]膜拜团体成员以往的个人经历及由此产生的个体倾向性，如不安全感、对亲密关系的渴望等，使他们具有某种"易感性"，比较容易接受膜拜团体的价值观和规范的影响。因此，人们参与膜拜团体，可能并不是一个

① S. Dein and H. Barlow, "Why Do People Join the Hare Krishna Movement? Deprivation Theory Revisited", *Mental Health, Religion & Culture*, 1999, Vol.2, No.1, pp.75–84.

"宗教市场"中自由选择的问题。[①]这意味着，虽然社会学者更强调对膜拜团体的皈依与委身是通过社会互动而发展起来的，但心理与精神因素仍然不容忽视。

对立双方的论战，推动了研究的深化，促进各个相关学科开发新的研究方法和心理测量工具，进一步澄清概念，发现新问题。在实践层面，也促使反膜拜团体运动采取更有效同时又更温和的方式，帮助人们抵御膜拜团体的影响，或帮助人们脱离膜拜团体。重新审视围绕"洗脑"假说的学术争论，可以发现，这些争论隐含着对膜拜团体不同类型与特征的判断。确实存在着某些极端的膜拜团体，它们采用了神秘的、危害性的精神控制手段；但也有很多正常的新兴宗教团体。哪些新兴宗教可以看作是"无害"的，可以视为多元文化中的一部分，而哪些新兴宗教对人们的精神健康和社会秩序是有害的，是必须加以防范的，这是需要深入探究的问题。

二、辨析破坏性膜拜团体

新兴宗教的差异性要比通常所认识到的大得多，

---

① C. Buxant, *et al.*, "Cognitive and Emotional Characteristics of New Religious Movement Members: New Questions and Data on the Mental Health Issue", *Mental Health, Religion & Culture*, 2007, Vol.10, No.3, pp.219–238.

如何界定这一现象并区分其不同类型，相关探讨始终没有停息。越来越多的学者倾向于使用“新兴宗教”，以克服其他术语，尤其是“膜拜”这一称谓所蕴含的负面意义。但是，在民间社会的大众语境中，特别是在媒体报道中，仍然大量使用“膜拜团体”这一称谓来指称那些新出现的、多少让人感觉不快的宗教性团体。

不可否认，有些新兴宗教团体仍然表现出与所处社会的极大张力，甚至是极端暴力倾向，对社会与家庭造成了不可挽回的伤害。此外，还存在大量并不以宗教为名的所谓“心理疗法的膜拜团体”（psychotherapy cults），声称能够帮助人们更有力量地生活，使人们更具创造性，更加快乐；然而，这些团体的实践常常违反专业心理学会以及其他专业组织的伦理标准。[①]这些破坏性膜拜团体的存在，使人们意识到，仅仅笼统地用中性的“新兴宗教”这个称谓来取代具有负面内涵的“膜拜团体”这个称谓，可能引起很大的混乱。

所以，将部分具有破坏性、暴力性和极端性的新兴宗教团体，从一般的良性新兴宗教团体中分离出来，是学界思考的重点之一。其目的是在实际的暴力行为

---

① Lita L. Schwartz and Florence W. Kaslow, “The Cult Phenomenon: A Turn of the Century Update”, *The American Journal of Family Therapy,* 2001, Vol.29, pp.13–22.

显露之前，预知哪种类型的团体可能会向极端方向发展演变。研究发现，引发膜拜团体暴力行为有两个因素，即不可捉摸的外部诱因与组织自身的内部因素。外因主要指来自政府及反膜拜主义者等外部环境的压力、刺激与错误政策等；内因指膜拜团体奉行的“末世论”世界观、极权主义的组织运作模式与思想控制等等内部变量。[①]一般认为，某些膜拜团体/新兴宗教的暴力行为，是内外多种因素共同作用的结果。很多研究表明，一些酿成悲剧事件的膜拜团体，它们所处的环境中并不存在明显的敌意和压力；而有些新兴宗教团体，尽管与周边环境处于较高响度的张力状态，但并没有走向暴力。也就是说，最终的悲剧同新兴宗教团体自身的内部因素有很大关系，如内部冲突、预言失败、低效的新成员招募手段等等，导致这样一些极端团体变得偏执，对外界的态度更加不宽容。

第五节　宗教性非营利组织研究[②]

以宗教信仰为基础的非营利组织（faith-based nonprofit

---

① Thomas Robbins, "'Quo Vadis' the Scientific Study of New Religious Movements?", *Journal for the Scientific Study of Religion*, 2000, Vol. 39, No.4, pp.515–523.

② 本节内容参见黄海波：《宗教非营利组织的身份建构研究》，上海社会科学院出版社2013年版，第35—41页。

organization，简称FBO），是指那些受宗教信仰激励而建立，以宗教的组织资源、文化资源为支撑，主要从事慈善、公益事业等非宗教类活动的非营利性组织。这类组织虽然历史上也存在，但真正意义上的宗教性非营利组织是从20世纪60年代开始才大量出现并真正活跃起来。这些组织超越单一宗教“会堂”或宗派，面向社会提供广泛的社会服务。这些宗教性的非营利组织是地方性网络与资源的产物，特别是社区需要的产物。宗教因素作为一股强大的力量，将个人、文化和组织认同联结在一起，不仅促进这些非营利组织内部的实践活动，而且在塑造其与国家和社会之间的关系方面都起着重要作用。

目前，对宗教性非营利组织的研究已成为一个独立的分支学科，其主题范围亦十分广泛。如有的研究发现，在资源获取方面，那些规模较大、专业化程度较高的宗教性非营利组织，以及那些较少体现其宗教特征的组织，更愿意申请并且更容易获得政府公共资助。这意味着宗教性表达与接受外部资源尤其是公共资助之间存在着负相关关系。还有一些研究则探讨了宗教性非营利组织在提供社会服务方面的有效性问题。研究认为，尽管宗教因素在这些组织的成员与志愿者中激发了共享价值观与利他主义精神，但是，宗教性非营利组织是否比其他世俗社会服务机构或公共机构更有效地提供了社会服务，目前还没有得到充分的经验证明，宗教信仰因素是否使这些组织表现得更为优异仍然有待深入分析。无论是否具有宗教背景，非营利组织所提供的服务都是复杂而且难以测量的，如情感与精神支持、安全、信息传播与中介服务、健康服务等等。

由于宗教性非营利组织的活动领域主要在宗教以外的慈善领域，因此与其他组织尤其是公共机构有着广泛的合作，在组织结构及其运行的理性化、标准化和科层化方面也与纯粹的宗教组织不同。资金问责制以及由评估传达的效率压力是这个领域中组织运行的核心机制。因此，宗教性非营利组织越是适应现代的、分层的、官僚制的形式，维持与保护其宗教性与独特性就越是困难。这一现象可以由组织理论中十分流行的制度趋同加以描述和解释。制度趋同意味着组织领域内由于强制的、模仿的以及规范的适应手段而产生的趋同现象。由于正式/非正式压力或普遍期待，以及工艺、专业性或组织程序上的适应性要求，一个宗教性非营利组织如果希望获得公共资金，提升其服务的效能，它就必须建立符合法律法规的运作机制，如资金问责制等，避免使用崇拜、宣教或劝诱改宗等灵性技术，并且不能因为宗教原因而歧视服务接受者。当然，宗教性如何在这类组织中表达和呈现，仍然需要关注。

第三章
宗教组织理论的主要代表人物

宗教组织研究领域精彩纷呈，尤其是21世纪以来无论是研究对象还是相关观点都呈勃兴之态，这反映了时代剧变中宗教自觉或不自觉地通过不同形式表达其适应性，对这种表达的捕捉构成了宗教社会科学研究的主要内容和创新之源；其中，宗教组织研究更获得长足进步。宗教组织本身的结构、形式及其变化，以及宗教领域和社会领域中各种现象的发展演变同宗教组织的关系，都被学者们从不同角度加以深入探讨，宗教组织研究成为当代宗教学的重要领域。马克斯·韦伯、恩斯特·特洛尔奇以及理查德·尼布尔是宗教组织研究的三大开创者，他们的贡献仍然为宗教组织研究的当代进展提供丰富的思想资源。

第一节　马克斯·韦伯

组织社会学和宗教社会学在其源头都有马克斯·韦

伯的卓越贡献。韦伯关于科层制的概念和研究被引入英语世界后，被认为直接刺激了现代组织社会学的产生。就宗教组织研究而言，韦伯最广为人知的贡献是他在教会-教派类型研究方面的开创之功。

韦伯对宗教问题的关注旨在探索理性化在西方社会转型中的表现、作用、影响和后果等一系列重大问题。西方社会转型在韦伯时代的一个突出现象，就是各种新型社会团体在欧洲主要国家大量出现，很多人在这种氛围中也被刺激尝试新的宗教社会形式。一些欧洲国家在传统主导性基督教会乃至国教教会之外出现了大量活跃的新型基督教团体，之前由主导教会或国教会在形式上覆盖全体国民的局面被打破，各种新的宗教团体在社会空隙中产生并日益活跃。韦伯最早敏感地意识到这种社会变化，主张研究这些最新的现象和问题。

1910年，在法兰克福举行的德国社会科学家第一次会议上，韦伯在演讲中宣称，社会学的一项基本任务是研究处于国家、政府与教会等在政治上组织起来的势力和家庭自然共同体之间的那些构造形式；现代社会的各种制度正是在这个中间领域诞生的。[①]韦伯对教会-

---

① Christian Wedemeyer and Wendy Doniger (ed.), *Hermeneutics, Politics, and the History of Religions: The Contested Legacies of Joachim Wach and Mircea Eliade*, New York: Oxford University Press, 2010, p.12.

教派的研究贯彻了这个思路，教派正是在教会这种欧洲权力结构之一的体制外成长起来的社会构造。当然，韦伯对宗教组织研究的贡献不仅限于具体的教会–教派类型学，他对一般组织理论的贡献也间接影响着宗教组织研究，如科层制、组织内部的权力与权威问题等。

一、教会–教派

韦伯在《社会科学和社会政策文库》(1904—1905)上首次发表的《新教伦理与资本主义精神》一文中，第一次提出了“教会–教派”这组概念。其后在1906年发表于《法兰克福通讯》上的《新教教派与资本主义精神》中，韦伯又进一步阐发了这组概念。[①]这组概念以及关于宗教组织的其他讨论也散布在韦伯另外一些著述中。

韦伯在《新教伦理与资本主义精神》的第二卷讨论“禁欲新教的职业伦理”时初步提出了有关教派的思想。他指出，由于加尔文教的“预定论”神学，使普通信徒在日常生活包括职业活动中要努力“确证”自己是被拣选的，这种自我确证为蒙恩者的心理也使

① William H. Swatos, Jr., “Weber or Troeltsch?: Methodology, Syndrome, and the Development of Church-Sect Theory”, *Journal for the Scientific Study of Religion*, 1976, Vol.15, No.2, pp.129–144.

他们要极力维持与被舍弃者的不可目见之鸿沟，“这种意识可以是如此的高涨，以致有时甚至造成教派的形成”。[①]在此，韦伯勾勒了教派形成的群体心理基础，即为了显明自己具有上帝选民的恩宠而表现出对罪人的心理厌憎和对立。韦伯引用当时独立派加尔文信徒的代表欧文的观点来体现这个教派的原则，即他们强调成为教会成员的只能是“再生或成圣的人”[②]。因此，韦伯用“教派”这个概念把握那种对成员资格有更高要求的基督教团体，而且，从其形成的心理基础看，韦伯所理解的教派天然具有自我为圣且毫不宽容的严格性。

随后韦伯对虔敬派的分析，进一步凸显了教派的特征，并且暗示教派的出现需要有一定的条件，仅有教派的思想并不必然促成独立的教派。

韦伯认为，欧陆的虔敬派和盎格鲁-撒克逊民族的卫斯理派都只是一些独特的思潮，虽然有拥护者，但本身并没有形成独立的组织与制度。只有“再洗礼派”才是基督新教禁欲主义的独立担纲者，从这个运动中

---

① 〔德〕马克斯·韦伯：《新教伦理与资本主义精神》，康乐、简惠美译，广西师范大学出版社2007年版，第108页。

② 〔德〕马克斯·韦伯：《新教伦理与资本主义精神》，见前引，第108页。

出现的各种团体才形成了韦伯意义上的“教派”。它们自命为“信者的教会”，对成员资格有明确的、绝对的要求：“他们之为教派，原因毋宁在于：他们当中不可以包含未再生者，以免偏离原始基督教的模范，亦即，教团只可以通过自由意志的方式，作为教派而被组织起来，并不是依机构的方式而组织成教会。”[①]在上述理解中，凸显了教派对成员在品德、信仰与行为上的纯洁性的强调。

上述关于教派的理解主要基于欧洲基督教的历史经验，韦伯随后又将之扩展到美国的经验。《新教教派与资本主义精神》开篇从韦伯在美国观察到的教派事例入手。从这些事例中，韦伯得出一个基本判断，即有名望的教派只会接纳那些通过其品行表现出自己在伦理上有资格的成员。“也就是说，成为教派的一员意味着人格的一纸伦理资格证明书，特别是商业伦理上的资格证明”[②]，“因伦理过失而被逐出教派，意味着经济上的信用丧失与社会上的降格沦落”。[③]这个思想逐

---

① 〔德〕马克斯·韦伯：《新教伦理与资本主义精神》，见前引，第135—136页。

② 〔德〕马克斯·韦伯：《新教伦理与资本主义精神》，见前引，第196页。

③ 〔德〕马克斯·韦伯：《新教伦理与资本主义精神》，见前引，第197页。

步生成“拣选资质”的问题，韦伯认为这是教派形成的诸多因素中最为关键的。“拣选资质”是指，为了要融入共同体的圈子里，教派的成员必得具备某种特定的资质；而且为了在这个圈子里自尊自重屹立不摇，就必须一直不断证明自己拥有这种资质，亦即此种资质在他身上始终如一且从不间断地被培养着。而这种对资质的要求以及不断在群体生活中证明这种资质的自觉，对于理性的近代资本主义的发展而言是重要的。这种对选民资格的不断自证最终导致教派对道德品行的极高要求，并以外显的伦理行为反映成员是否“再生”。而且，在个人道德实践上的约束或规制方式也有很大差异。教会依赖外在的“威权道德警察”，而教派则基于自愿服从的自律。①

二、达人宗教与大众宗教

除了使用教会与教派这一组概念来类型化不同的宗教组织以外，韦伯还使用“达人宗教”与“大众宗教”这组术语来描述人们在“宗教禀赋”上的差异。教会与教派的差异在“宗教禀赋”方面也有表现。“宗

① 〔德〕马克斯·韦伯：《新教伦理与资本主义精神》，见前引，第145页。

教禀赋”大体指的是某种与本宗教的核心力量相联结的能力，或是达成本宗教所要求的行为规范的能力，用韦伯的话来说，体现为“卡理斯玛能力”，巫师、禁欲苦行者等群体身上就有较强的宗教禀赋。这种禀赋不仅包括通灵或其他异能，也包括持守戒律和道德标准等修为。在韦伯看来，人的宗教禀赋是不平等的，这是一个重要的经验事实；这就导致“所有强烈的宗教意识里都会产生出一种与卡理斯玛禀赋之差异相对应的身份性分化”。也就是说，不同的宗教禀赋往往是由不同身份的行动者来承担和体现的。达人宗教的“身份性担纲者”既可以是巫师、基督教早期教团内部的禁欲苦行者等个体宗教达人，也可以是印度行者的宗教身份团体、虔信派的集会和所有纯正的教派等宗教达人群体或团体。这意味着，高宗教禀赋的达人宗教既可以是个人性的，也可以是组织性、团体性的。或者说，高宗教禀赋就是拥有或能够体现出较明显的卡理斯玛特征，而且，这种宗教禀赋及其产生的卡理斯玛，并不是我们通常所理解的只存在于宗教或政治的领袖个体身上，而是也存在于宗教集体中。当然，相对于领袖个人的卡理斯玛，集体中的卡理斯玛只是宗教禀赋的一种相对不那么明显的表现形式。教派就是拥有这种集体卡理斯玛的组织。韦伯强调，教派作为达人宗教的身份担纲者，只接受拥有宗教禀赋的人加入团体。韦伯在教会-教派类型学中集中讨论了这个问题，能够被允许加入教派的个人，就是具有特定宗教禀赋的人，这种宗教禀赋指的是那种被拣选的强烈宗教自我意识。

与达人宗教相对应的就是大众宗教。如果说，教会-教派类型学是韦伯立足基督教经验而提炼的基督教组织类型学，那么，达人宗教与大众宗教的区分，就是教会-教派思想向一般宗教扩展的努力。韦伯指出，达人的宗教意识与大众的宗教意识处于对立状态。鉴于达人宗教的自主性，教会必然会展开反击。教会是由教阶执事者组织的恩宠机构的共同体，它对达人宗教的反击是本着其教权制的、机关执事者的权威。因为，教会是制度恩宠的把持者，企图组织大众的宗教意识，以自身根据教权独占及媒介的救赎财取代宗教达人的自主性。同时，教会也采取普遍恩宠论的立场，主张所有在其制度权威下的人都具有十足的伦理禀赋。韦伯指出，教会的官方体制与达人之间的这种斗争，虽然不一定是公开的，但至少是潜藏暗存的。韦伯举了世界各国的不少例子，强调官方教会与达人宗教（以及教派）之间的这种明争暗斗不只局限在基督教中，东方宗教中这种模式的表现就是“儒教的国家官方祭典与佛教、道教及一切教派之救赎追求之对立”。[①]显然他把这个模式视为普遍适用的。这意味着，韦伯已意识到此前教会–教派概念与基督教的历史和特征捆绑过于紧密，试图开发新的概念与理想类型来拓展分析框架的普适性。达人宗教与大众宗教这组概念正体现了韦伯在这方面的努力。

三、宗教组织的权威与支配

韦伯是组织社会学或组织理论的创始人，他率先在社会学中深入阐发了有关组织现象的各种概念和理论。其中，权力与权威（支配），是韦伯组织社会学理论中最为重要的概念。

韦伯把权力界定为“行动者在一个社会关系中，可以排除抗拒以贯彻其意志的机会，而不论这种机会的基础是什么”；而权威是指“一项特定内容的命令会得到特定人群服从的机会”。[②]权威事实上是权力的一种特例，强调“命令被服从”，基于权威的支配关系的

① 〔德〕马克斯·韦伯:《中国的宗教》，康乐、简惠美译，广西师范大学出版社2004年版，第485—487页。

② 〔德〕马克斯·韦伯:《社会学的基本概念》，见前引，第71—73页。该中译本解释了用“支配”(domination)、“权威”(authority)的翻译问题，两者都是对韦伯的这一与权力相对应概念的恰当翻译。

核心是服从义务。韦伯把权威视作“共同体行动”最关键的环节，是理解社会组织的一个基本问题。宗教组织作为特殊的共同体行动，从权威/支配的视角看是一种“神权组织”，即以分配或取消“救赎资源”来确保心理强制式的秩序，依据这种“神权式强制”来支配团体成员。教会就是宣称对“神权式强制”的使用具有正当的独占权的组织，这与正当地独占暴力使用权以维护秩序的“国家”这类“政治组织”形成区别。[①]要言之，韦伯认为社会秩序或社会控制之达成，依赖于社会关系之间的强制权力、影响力或合法权威的状况。任何能够持续的社会关系必须建立在合法权威基础上，而不是在强制性权力以及不稳定的影响力上。合法权威体系构成了社会的基本凝聚力。

韦伯细致考察了宗教组织与政治组织在权力及其支配上的不同关系。韦伯注意到，卡理斯玛在历史上对任何权力的拥有和巩固都十分重要。卡理斯玛保障与神的连接，这对于政治整体结构的正当性不可或缺。对于政治权力来说，要么权力拥有者本身就有卡理斯玛，不需要从其他权力派生而来；要么就从其他宗教卡理斯玛那里获得认证。相反的情况同样存在，宗教

① 〔德〕马克斯·韦伯:《社会学的基本概念》，见前引，第74页。

领袖的卡理斯玛要么直接来源于神并固着于宗教领袖本人，要么就必须“屈服于世俗支配者的职位之下”。[①]韦伯重点考察了教权制支配与政教合一制，并在此基础上分析了“教会”的概念。据韦伯的观点，所谓政教合一制，其特点是教士权力完全屈服于世俗权力之下。[②]教权制则有两种情况，其一是世俗权力要靠宗教提供正当化手段，其二是宗教权力本身以宗教的资格行使国王职能。[③]这与我们一般理解的政教合一制有所不同，我们的一般理解更接近于韦伯所说的教权制。不过在韦伯看来，“一切正当的政治权力（不管其结构为何）多少都混合有神权政治或政教合一的要素”。[④]

在韦伯的政教合一概念里，这样的政权将宗教的事务当作政治行政的一部分。神与圣都是国家的，其祭典是国家事务，国家可以准许或摒斥神灵、教义与崇拜。对神的义务均由国家官员本身来履行，教士（或其他文化中的宗教“专家”）则协助之。而这些宗教“专家”往往是接受国家俸禄的，因此没有发展

① 〔德〕马克斯·韦伯：《支配社会学》，见前引，第350—352页。
② 〔德〕马克斯·韦伯：《支配社会学》，见前引，第355页。
③ 〔德〕马克斯·韦伯：《支配社会学》，见前引，第353页。
④ 〔德〕马克斯·韦伯：《支配社会学》，见前引，第357页。

出独立于政治权力的事务处理机构，而要靠政治权力来提供。如果我们把韦伯在讨论这个现象时的具有明显基督教文化色彩的教士一词换成其他更具概括性的比如宗教/仪式“专家”，甚至为了专门针对中国情境而以“儒士”替换，就会发现韦伯早就注意到了后来杨庆堃所提出的中国宗教的“扩散性”现象。韦伯推理出这些依附于国家机关的“教士”阶层的职务行为皆受国家规定与统制，且除了履行仪式机能的技术训练外并无特殊的教士生活样式和教士教育存在，因此也没有真正的神学发展。[①]其结果便是，“宗教的内在本质会因纯粹技术性的、仪式的操作超自然力量的方式而被僵固化，从而阻挡了一切往‘救赎宗教’的发展”。[②]中国的儒教及其与国家政治的关系，一定程度上符合韦伯所讨论的上述特征。

第二节　恩斯特·特洛尔奇

恩斯特·特洛尔奇是德国杰出的思想家，自由主义神学家、哲学家、宗教史学家和宗教社会学家。特

---

① 〔德〕马克斯·韦伯:《支配社会学》，见前引，第358页。

② 〔德〕马克斯·韦伯:《支配社会学》，见前引，第359页。

洛尔奇的学术成就涵盖基督教神学、基督教史学与宗教社会学。特洛尔奇在宗教社会学领域最具影响力的成就是他的基督教类型学。之所以说是一种基督教类型学，而不是像通常所认为的是一种基督教“组织”类型学，是因为他的类型学涉及基督教的社会理论或社会学说在历史上的发展演变，与这些类型的社会学说相应的组织类型只是基督教社会学说在现实中的载体。也就是说，教会、教派与神秘主义主要对应的是基督教社会学说的类型，组织的特征体现了基督教社会学说的特征，在后者的基础上产生了相应的组织形式。

一、理论基础

特洛尔奇的基督教类型学建立在这样一个问题上，即如何理解基督教的“社会性”？他批判时人在这个问题上的混淆，即简单地把基督教自身的、内部性质的团体交往形式视为其社会性，并将这种社会性形式同其他群体形式等同起来看待。他强调，从基督教人生观所发展而来的社会构造，和从其他的目标发源的社会构造，有着内在而主要的区别，不能根据它们形式上的相似而被纳入同一个模型中分析推演。特洛尔奇强调，基督教的这些社会构造既有社会性又有宗教性，不能只强调一个方面。[①]这实际上批判了日后成为社会学取向的宗教研究中存在的“还原论”“简化论”痼疾，也就是把基督教团体形式当作一般的团体形式，只强调其社会性的一面，而忽略了宗教性在组织中的复杂表现。当然，特洛尔奇并不是只在一般组织形式上机械地附加上宗教性来凸显宗教组织的独特性，而是与他对“社会”的看法有关。

特洛尔奇主张狭义的社会概念，即与国家这个政治-权力关系相对的、主要是从经济领域产生的关系形式。特洛尔奇指出，这种狭义的、与国家相区别的“社会”，一旦和基督教的教会关联起来，就产生了新颖而特殊的问题，“社会”的概念又可以得出新的含义。这意味着，在特洛尔奇看来，这种新颖的问题是当时社会变迁出现的新现象，也就是在他所理解的国家权力之外的社会领域中，在传统的政教关系之外，基督教及其团体同世俗社会以及这个社会中的其他社会团体的关系问题。这是传统时代所未有的问题。

具体而言，依据爱人与爱上帝的那种宗教观而组成的基督教社会团体，同依据世俗的观点而组成的世俗性社会势力之间的关系，已经发生了很大变化。世

---

① 〔德〕特尔慈：《基督教社会思想史》，中国基督教两会2013年版，第4页。

俗性的社会势力包括经济性与政治性的势力，所以，基督教就发展出了如何看待和应对这两种世俗势力及处理它们之间关系的理论和学说。家庭被认为是国家与社会的基础，因此也在基督教社会学说考察的范围之内。所以，家庭、国家以及社会的经济结构，就成为基督教必须设法加以同化的大标的；基督教的社会理论，就是关于那些“在独立的基础上”建立起来的非宗教性的社会组织的学说，或者用基督教自己的术语来说，就是关于它自身和世俗中最强大的社会势力之关系的一种理论。

特洛尔奇认为，基督教会在较早的历史阶段能够解决社会问题，是因为它当时可以实现对社会和国家的控制，也因为国家和社会都甘心而又完全地服从于宗教的权威之下，而且国家把自己当作实现教会理想的工具。当然这主要指中世纪天主教与国家-社会的关系而言。在现代，情况有了很大不同，天主教与新教在这方面的历史也不相同，这导致两者的社会理论有了显著的区别。天主教会至少在特洛尔奇的时代仍被观察到要求有凌驾于国家之上的统领权，“以便能够依照教会的路线去解决社会问题”。[①]而新教基于政教分

① 〔德〕特尔慈：《基督教社会思想史》，见前引，第11页。

离的理论则对此并无确定的目标，有时想创造一个基督教国家，有时又只是着眼于其本身的纯宗教性的社会活动；而国家则把教会看作私人的自由结合，是与国家本身有区别的社会的一部分。

特洛尔奇批评当时一些人的混乱思想，即以为只要解决了教会的特殊“社会性”问题，也就是基督教内部的“社会特性”，就能够解决属于社会与国家的广义社会问题；以为一旦组成“爱”的团体，同时也就能满足人类全体的需要。在特洛尔奇看来，这种观点阻碍了人们对福音在历史上的真正意义以及历史上的发展所应有的了解。[①]

二、基督教社会理论的发展脉络

特洛尔奇的基督教社会理论关注的是“基督教的基本原理怎样与各种社会问题有了关系”。[②]尽管基督教发展出了丰富的社会学说，但是，特洛尔奇指出，就基督教本身来看，它最初与社会现实并没有任何联系。他论证道，耶稣时代的原始基督教，绝不是任何社会运动的产物。初期的基督教作品中，无论是《新

---

① 〔德〕特尔慈：《基督教社会思想史》，见前引，第10—11页。

② 〔德〕特尔慈：《基督教社会思想史》，见前引，第3页。

约》还是其他布道或灵修作品，绝对没有关于社会问题的任何提示；这些作品的中心问题是纯粹宗教性的，这些问题包括灵魂拯救、一神论、来世生活、崇拜的纯笃以及圣洁的严格条件等。初期基督教并没有论及改良现有社会情况的愿望，或包含纠正社会上不良现象的任何规划。特洛尔奇认为这是基本的事实，讨论基督教的基本原理与各种社会问题的关系必须以此为起点。①

特洛尔奇揭示了原始基督教在其创生阶段对外部社会的基本态度，即它并不在意同现实社会的关系，只追求灵性和内心的宁静。耶稣的教训正体现了这种纯粹的宗教性。特洛尔奇还强调，耶稣在世时也没有形成一种有组织的团体，有形的组织是在他死后才建立起来的。初期教会一经成立，立即设法把耶稣关于爱的教训付诸实施，但也只限于基督徒的团体之内，并不是什么社会改革的纲领。②

但是，当初期教会作为宗教团体产生后，必然会为其信徒在世俗社会中的生活提供指导和帮助，而不会纯粹局限于精神生活，这就必然与社会及现实问题

① 〔德〕特尔慈：《基督教社会思想史》，见前引，第11—12页。
② 〔德〕特尔慈：《基督教社会思想史》，见前引，第25—26页。

发生关联，从而逐步将注意力和组织力量转向这些现实事务。不过，特洛尔奇认为，这是基督教后续发展的结果，而不是它的起点。[①]特洛尔奇再次强调基督教的肇因并非直接针对现实社会及其问题，而单纯是为了信仰。只是随着信众的增加，团体在社会中为了维继，才逐步发展出对人与人之间关系的教导，并通过信众的社会参与而必然影响到社会和政治，从而将基督教的理想和精神灌输进现有的社会体制中。[②]

基督教社会观在保罗时代已经成形的基督教团体中得到确立。当时的基督徒借洗礼与圣餐来同那临在的、超凡的基督达到合一，并在基督徒的兄弟之爱激励下通过团体生活而达到团结，从而与犹太教和神秘教派抗衡。共同体生活中成员差异性的共在发展出对平等问题的关注。但是，特洛尔奇指出，这种平等观并不是现代意义上权利的平等，而是在上帝面前和在上帝里面的平等，完全是以上帝为一切之中心的宗教关系中的平等，是人人参与共同信仰当中才能表现出来的平等，更是与上帝无限的圣洁相敌对的平等，起点是人们都同等地无价值。随后的问题就是，是否人

---

① 〔德〕特尔慈：《基督教社会思想史》，见前引，第14页。

② 〔德〕特尔慈：《基督教社会思想史》，见前引，第28页。

人都同等地蒙召，从他们同等的不配中得到拯救，同享救恩的平等？这个问题并没有得到妥善的解答，这导致后来预定论和上帝的普遍之爱相对立的神学难题，并影响着数个世纪以来基督教会的社会思想。[①]

特洛尔奇发现，当基督教的社团尤其是正式的教会组织产生后，基督教社会思想中对外部世界的看法才逐步明晰。这种把教会以外的一切社会体制称为“俗界”的观念，决定了教会组织对于外部社会的态度。在这一点上，与耶稣完全不同。耶稣并没有在信仰者群体与外部社会之间划立分界线，这个分界线是在现实与未来之间的。而在保罗的思想中，基督的国度即教会已经完全和血肉的、罪恶的、律法的与魔鬼的国度相对立了。基督教形成正式的教会组织后，教会施行圣礼，俗界与教会对立，且前者除沉沦之外更无他物，这样鲜明对立的思想更加强烈并逐渐成为基督教社会理论的确定结论。[②]不过，特洛尔奇认为，古代基督教创立了敌视此世界的强大的纯宗教组织，在组织的内部，可以按照基督教原则安排生活，但对外面的世界则找不到任何关联或接触点。[③]

---

① 〔德〕特尔慈：《基督教社会思想史》，见前引，第36—39页。

② 〔德〕特尔慈：《基督教社会思想史》，见前引，第63—64页。

③ 〔德〕特尔慈：《基督教社会思想史》，见前引，第116页。

这种关联直到中世纪才真正发生。特洛尔奇认为，此时基督教会扩张为一个包罗万象的、统一的与调和的社会整体，包含不同的阶层，把整个社会不分彼此地包括在一个伦理性的整体中。经过阿奎那在思想和理论上的推动，教会和现实世界之间原有的距离消失了，两者相互渗透，无所不包的普世教会的理想产生了。[①]基督教的社会理论至此达到最后和最完全的样式。天主教会对于一切社会问题的最后态度亦以此为基础。[②]此后，尽管基督教神学及其社会理论仍然继续发展，但上述基本观念仍然是核心内容，影响着后续历史中观念、思想、理论、关系与行动的发展。

三、基督教组织类型学

特洛尔奇的教会、教派与神秘主义的类型划分一般被视作考察基督教组织类型的分析工具。但事实上，特洛尔奇建构这一类型学的目的主要是揭示基督教社会理论的形态，或者说是为基督教社会理论赋予一种组织形态的标签以简化对这些理论的辨识和把握。而且，这三种组织类型对应着基督教社会理论中有关教

---

① 〔德〕特尔慈：《基督教社会思想史》，见前引，第117—119页。

② 〔德〕特尔慈：《基督教社会思想史》，见前引，第125页。

会与社会关系的学说进展，呈现出一种并存的状态。从特洛尔奇的分析看，基督教社会思想中从一开始就蕴含着三种可能性，“从最初起，基督教社会思想的发展，即有三种典型，那就是大教会、小派、神秘主义”。[①]也就是说，这三个字面上呈现为组织类型的术语，实际标识着基督教的三种社会思想。

因此，有学者指出，特洛尔奇的基督教组织类型是为了将宗教伦理教义的基本种类加以简化而设计的，实际上是有关“基督教教义的社会学”，这一学说试图揭示基督教组织在教义教理的形成和表达中的作用。[②]根据特洛尔奇的研究，耶稣的福音是自愿的个人虔信，再加上精神上的密切团聚和感通，但是不带有任何组织礼拜或处理宗教与社会之关系的趋势。只是当基督教发展到与犹太教断绝关系，且耶稣也不再与其门徒在一起时，他的门徒才意识到组织之必要。这个信仰之前是在耶稣身上具体化的，现在需要另一个具体化的东西即独立的组织。此后又经过一系列新的解释

---

① 〔德〕特尔慈：《基督教社会思想史》，见前引，第465页。

② James Beckford, “Religious Organization:A Trend Report and Bibliography Prepared for the International Sociological Association Under the Auspices of the International Committee for Social Science Documentation”, *Current Sociology,* 1973, Vol.21, No.2, p.14.

与行动，逐步形成了基督教教牧制度及其特别的主教制。[①]

1.教会。特洛尔奇认为，教会是一种极具保守性的组织典型，在相当程度上接受世俗体制，把世俗体制当作超自然生活目标的一种手段和准备；在政治上，教会依托和利用国家及其统治，成为现有社会体制不可分割的部分。因此，教会同国家、社会体系以及经济情况相妥协，对社会秩序一面加以稳定，一面加以限定，“它欲把人类的整个生活都包括在它本身之内”。[②]由于大教会掌握着教会传统、圣礼恩典，以及教会辖权的神甫制度，是“神恩的客观储藏所”[③]，使之成为一种“客观的”存在，个人生来便在教会里面。

2.教派。特洛尔奇认为，如果希望求得个人内在完满及成员间亲密关系的直接契合，就要把人们直接引向超自然的生活目标。因此，教派不得不放弃统领世界的企图，转而避免世界，或容忍世界。[④]与生来就是其成员的教会不同，教派是自由结合、自愿加入的团体，由严格信仰基督的人组成的，这些人都经验过

---

① 〔德〕特尔慈：《基督教社会思想史》，见前引，第54—55页。
② 〔德〕特尔慈：《基督教社会思想史》，见前引，第214页。
③ 〔德〕特尔慈：《基督教社会思想史》，见前引，第221页。
④ 〔德〕特尔慈：《基督教社会思想史》，见前引，第214页。

“重生”而团结在一起，一般具有强烈的个人主义色彩，容易和较低阶层中的被压迫者和理想主义者发生亲密关系，“或至少是和社会里面那些与国家及社会本身相对立的分子发生联系”[1]，这就导致教派无法形成大规模的群众组织。

3.神秘主义。神秘主义似乎并不是教会、教派那样独立的组织，而是一种信仰特征。但在特洛尔奇看来，神秘主义意味着打破原有的崇拜和教义上的固定观念，将之变为完全个人的和内在的经验。组织形态上，神秘主义导致完全以个人为基础的团体。这种团体没有永久的形式，而且有削弱礼拜形式、教义和历史因素的重要性之趋势。神秘主义和科学独立有密切关系，它成为文化阶级的宗教生活的避难所；而在没有和科学接触的一部分人口中，神秘主义引起了过分和易感的虔敬方式。特洛尔奇对神秘主义持有较为正面的评价，认为它是教会和教派的补充力量。[2]

根据特洛尔奇的分析，教会、教派和神秘主义这三种类型的胚胎，在基督教产生及其活动的最初阶段就已经存在了，并且一直延续到基督教的整个历史中。

---

① 〔德〕特尔慈：《基督教社会思想史》，见前引，第222页。

② 〔德〕特尔慈：《基督教社会思想史》，见前引，第465页。

而且，如果从基督教的社会理论看，这三种类型的社会观在基督教的各宗各派中始终共存、交织、联系在一起。如特洛尔奇所指出的，大教会与小教派成为基督教社会学说的两大形式，至少从中世纪中叶就已十分明显了。两者的核心差异是，“大教会是把耶稣的道德律和缓了，好与现实世界相妥协”。[①]小教派则比较激进，比较强调上帝的律法以及圣洁与爱。“基督教的社会学说从开始便进入两条不同的航道。与大教会的妥协并行的还有一种急进趋势，以圣经中的严格律法，急进的自然律，修道主义，以及原始状态的神学理论等等，为动机和表达。”[②]特洛尔奇把韦伯主张的教派出现时间大大提前了。韦伯认为教派是在新教改革后加尔文教影响下才出现的。

特洛尔奇分析认为，出现在中世纪后期的大教会与小教派，其产生的原因就存在于原始教会本身里。不过，特洛尔奇强调，基督教采取哪种形式实际上并不确定，有着很大的偶然性。在较早的几个世纪里，基督教的组织形式摇摆于小教派典型和大教会典型之间，只有在完成了圣礼与神甫的学说后才达到大

---

① 〔德〕特尔慈:《基督教社会思想史》，见前引，第213页。

② 〔德〕特尔慈:《基督教社会思想史》，见前引，第213页。

教会典型。但这种大教会的组织模式并不是基督教的必然。特洛尔奇指出，小教派不依赖世界，且始终重视基督教原始理想，往往明显代表着基督教的基本性质。但是，基督教发展的主流却是朝着大教会准备的道路前进。[①]这似乎说明，教会的组织形式其实并不符合基督教的本意，而是在社会处境中与各种力量博弈的结果，并不是基督教自然发展的结局。与后世理论家建构的教派向教会进化的动态理论不同，特洛尔奇认为“小教派”一词并不是说这些运动都是未能发展到大教会的组织形式，而是代表着基督教思想中一种独立的社会学典型。[②]

四、基督教社会理论的现代意义

作为神学理论家，特洛尔奇希望基督教在现代社会中能够保持其宗教能力的生机，并扩大宗教能力的范围。想要达成这两个目的，就需要能领导它们并使它们复兴的组织。特洛尔奇主张宗教生活需要同其他自然的活动分开。宗教生活一旦达到自觉的境界，就必须形成独立的组织，如何形成这种组织始终是宗教

① 〔德〕特尔慈：《基督教社会思想史》，见前引，第216—217页。
② 〔德〕特尔慈：《基督教社会思想史》，见前引，第221页。

的重要问题之一。特洛尔奇认为，集体崇拜是宗教的中心。基督教必须有一定的组织来维持和扩大集体崇拜，否则它就既不能扩大，也不会有创造力。

就宗教组织的形式而论，大教会比小教派和神秘主义更具优势。因为大教会保全了恩典和拯救这两种宗教成分，因而能培养出一种包罗非信徒的民族宗教。不过，特洛尔奇意识到，正因为大教会假定全民族都有相同的世界观，所以它只能适用于那个传统的时代；而一旦这个假设的现实不存在，大教会就很快衰落甚至近于毁灭。不难看出，特洛尔奇已经意识到时代变迁的影响，敏锐地察觉教会对国家精神生活的控制力正在丧失，它的许多功能现在被其他领域的人或团体来实现。特洛尔奇已概括出了若干此后世俗化理论所揭示的趋势。基督教的大教会在世俗化的总趋势下，不得不借小教派观念与神秘主义相对观念以图存。大教会的中心生活，逐步被小教派和神秘主义那饱满的能力所充满。特洛尔奇满怀信心地希望，基督教新教将来的工作是使这三种社会学范畴，即大教会、小教派和神秘主义，交互贯通，并在一个能使它们和解的结构之内统一起来，这种社会学方面和组织方面的工作比任何教义的问题更迫切。①

① 〔德〕特尔慈：《基督教社会思想史》，见前引，第478—481页。

由此，特洛尔奇转向基督教与近代社会学问题。特洛尔奇在研究一开始就提出这样的问题：基督教在解决现在社会问题上有何意义？特洛尔奇的结论是，近代社会面临的问题很多也很复杂，这是基督教社会理论所没有考虑过的问题。虽然所有基督教组织都试图减轻这些问题带来的压力，但这些努力只不过体现为回到基督教古旧的社会哲学上去，想用它来应对现代的挑战。特洛尔奇悲观地发现，基督教社会思想的前途很不确定。这是因为在基督教的各种社会中的社会发展理论，在当代社会中无力解决其所遭遇的困难。特洛尔奇提出，若想靠基督教原则来处理现代社会的问题，必须发展能够应对新的社会状况的新思想。[①]

总之，特洛尔奇的这项研究，被认为是一种书写教会历史的新方法，而不仅仅只是一种组织类型学研究。虽然与韦伯一样梳理了基督教的组织类型，在方法上也受到韦伯社会学方法的深刻影响，但其本质上是有关基督教社会思想的历史分析，有着更深层次的哲学和神学基础，被誉为“教会历史领域新方法的开创者”。[②]不过，单就组织类型而言，由于特洛尔奇将

① 〔德〕特尔慈：《基督教社会思想史》，见前引，第481—483页。

② Roland H.Bainton, “Ernst Troeltsch–Thirty Years Later”, *Theology Today*, 1951, Vol.8, No.1, pp.70–96.

之同基督教的教义教理及其社会理论紧密结合，因此很难成为一种普遍适用的宗教组织类型理论。[①]

第三节　H. 理查德·尼布尔

尼布尔发现，通过教义来区分各种教会，并从纯粹的神学角度来处理教会团结的问题，这是武断和徒劳的。所以，尼布尔从神学转向历史、社会学和伦理学，试图对宗派差异以及团结问题做出更令人满意的解释。

一、理论旨趣

尼布尔对这个主题的兴趣，始自他对基督教分裂所展露的道德失败之忧虑。尼布尔批评基督教的组织和信众在实际生活中与基督教教义所要求的伦理道德相距甚远。他批评说，基督教会组织只关心自我保护和获取权力，在面对诸如战争、奴隶制以及社会不平等之类的现实问题时，教会并不去实践"十字架的忠告"，而是在福音的文字中寻找可以操弄的歧义，从而

① James Beckford, "Religious Organization:A Trend Report and Bibliography Prepared for the International Sociological Association Under the Auspices of the International Committee for Social Science Documentation", *Current Sociology*, 1973, Vol.21, No.2, p.14.

与存在着诸种罪恶的社会文化妥协。尼布尔指出，虽然基督教伦理不允许逃避世界的极端禁欲主义，要求在这个世界上做光做盐，升华日常的世俗生活；但是，基督教的社群又摆脱不了世俗利益的侵扰，最终产生了一种偏离信仰要道的“虚伪福音”（spurious gospel），宗派主义就是其表征。尼布尔指出，基督教会中的宗派主义是基督教对世界过于轻率地妥协的结果。①

在此可以看到，尼布尔对宗派等基督教组织问题的考察，并不是单就组织而言，与特洛尔奇一样，尼布尔关注的也是基督教的理念学说在现实社会中的呈现。宗派主义是在基督教社群中所产生的对待、实践信仰的方式或心态，它受现实社会的影响并体现这种影响，教会、宗派与教派则是这种信仰方式的组织载体。在这一点上，尼布尔贯彻了特洛尔奇的思路。

那么，宗派主义的内容是什么呢？尼布尔认为，宗派主义代表了基督教对人类社会等级制度（caste system）以及不公平的社会现实之适应，教会的分裂正是与人类按民族、种族和经济群体的等级划分密切相关，它助长了误解、自我抬高和沙文主义、民族主

---

① H. Richard Niebuhr, *The Social Sources of Denominationalism*, New York: Meridian Books, 1922, pp.3–6.

义的仇恨，而这种人与人之间的分裂正是福音所谴责的。尼布尔注意到，尽管基督教在其教义中反对经济不平等，认为这是对基督教兄弟情谊原则的根本否定，违背了神圣律法和《圣经》的教导，但自己却是"所有组织中最不团结的组织，它在自己的组织结构中培育出它在其他关系中谴责的那种分裂精神"。[①]现代基督教尤其是新教的各种宗派、团体热忱地试图以团契与兄弟之谊的精神来解决现代社会的种种困难和矛盾。然而，基督徒虽然信奉同样的信条，参加同样的礼拜仪式，怀有同样的希望，却是在不同的教堂里聚会礼拜，富人和穷人被各自的教会和教堂隔离，每个人都以自己的方式获得救赎，他们所信奉的道德规范并没有破坏他们的阶级忠诚。"承认自己是上帝的儿子比实践他们共同的儿子身份更容易。"[②]

尼布尔反对从教义角度对基督教分裂的传统进行解释。传统的解释以为天主教、路德宗、加尔文宗、浸信会、卫理公会等等大型基督教团体，以及它们之中存在的各种亚群体，都在罪与恩典、圣礼、圣统制等信仰及其实践等一系列问题上有不同的观念，这种教义分歧导致基督教的分裂和对立。而尼布尔认

---

① H. Richard Niebuhr, *The Social Sources of Denominationalism*, p.9.

② H. Richard Niebuhr, *The Social Sources of Denominationalism*, p.11.

为，教会分裂的主要根源在于思想背后的社会特征或社会差异，因为“神学观的根源在于宗教生活同普遍存在于任何基督徒群体中的文化和政治条件之间的关系”。[①]在尼布尔看来，基督教分裂为互相对立甚至敌视的教派，主要就是社会阶级和不平等导致。尼布尔批评西方基督教以阶级和自我保护的“教会伦理”取代了“福音伦理”，导致其“道德无效”，尤其是在社会危机、战争和社会革命中，这种道德弱点更加明显。基督教的分裂导致其缺乏共同的基督教价值体系和有效的基督教伦理；每个宗教组织都表达了其所代表的阶级的精神面貌及其行为准则，都是它们所代表的经济和部门团体的代言人。总之，尼布尔认为宗派、教会、教派并不是神学或教义思想上的区分，强调区分原则是根据社会阶级和等级秩序，因此，“它们是世界战胜教会的象征。……宗派主义代表了基督教的道德失败”。[②]

二、教会-教派的阶级根源

尼布尔关于教会-教派的类型划分，在基本特征上

① H.Richard Niebuhr, *The Social Sources of Denominationalism*, p.16.

② H.Richard Niebuhr, *The Social Sources of Denominationalism*, p.25.

与韦伯的观点大体一致，但对这两个组织类型的特征有更加细节和丰富的阐发，强调教会与教派的这种社会学差异必然反映道德和教义上的差异，有着深刻的阶级根源。

尼布尔所概括的教会与教派各自的特征，综合了韦伯与特洛尔奇的观点，将韦伯的“成员身份”与特洛尔奇的“妥协”这两个核心区分因素结合了起来。尼布尔比较了教会与教派的上述基本特征后强调，两者的社会学结构虽然部分建立在基督教理念的基础上，亦即这两种组织类型的结构与运作都有着共同的基督教神学基础；但是，不同类型的组织会根据各自的处境而对相关的神学教义进行修正，以满足自身的合法性论证。因此，正是处境的不同导致了教会与教派的差异。

这种处境的不同是由经济因素引起的，教会-教派不仅是一种知识层面的区分，更意味着现实层面基督教的分裂，这种分裂是经济因素及立基于其上的阶级分裂导致的。尼布尔指出，经济阶层往往具有文化特征，群体之间的经济差异导致了他们之间的教育和心理差异，只有考虑到经济因素的影响，宗派特征才能得到解释。为此，尼布尔详细考察了穷人基督教的产生过程，被原有的教会忽视的穷人，创造了一种符合其独特需求的新型基督教，随着在他们自己的宗教实践模式和戒规影响下经济状况的好转，社会地位上升，获得文化尊重，在此过程中又会产生新的接替他们的穷人。这种模式在基督教历史上以惊人的规律性反复出现。再洗礼派、贵格会、卫理公会、救世军等宗教组织都是穷人教会兴起并发展的例证。①

尼布尔分析道，未受教育和经济上被剥夺权利的穷苦阶层，其宗教具有独特的伦理和心理特征，与这些群体的需要相对应，情感热情是常见标志。从伦理和心理来说，穷人教派所寻求和提出的拯救是对社会上被剥夺的人的拯救，并同知识上的天真相结合，形成明显的千禧主义（millenarianism），承诺提供有形的利益，并希冀扭转所有现存的社会等级制度。所以，从1世纪开始，末日论（apocalypticism）一直是在被剥夺者中最根深蒂固的。同样的需求和社会经验的结合，使这些阶层更容易接受福音伦理的激进特征，比那些更幸运富足的信徒更能抵制向权力妥协的倾向。尼布尔总结道，穷人的宗教对信仰的理解简单而直接，它避免了道德和智力复杂性的相对化，其行为成果常常显示出其道德和宗教的优越性。②

---

① H.Richard Niebuhr, *The Social Sources of Denominationalism*, pp.26–28.

② H.Richard Niebuhr, *The Social Sources of Denominationalism*, pp.30–32.

尼布尔考察了西方历史上各种穷人教派出现的过程，而且指出基督教信仰本身也是作为穷人的信仰而兴起，这种情况一直持续到3世纪。在此后的历史发展中，主要由穷人组成的教派也层出不穷，以反对或挣脱贵族和中产阶级等既得利益者和特权者的教派。尼布尔尤其以再洗礼派为例论证穷人教派的特征与历史演进。他指出由当时被剥削的阶级如农民、贫穷手工业者和城镇工人组成的教派，其成员在经济和政治上都处于受压迫的地位，再洗礼派运动对他们具有强烈的吸引力，其宗教特征表现为坚持自愿加入成人洗礼、地方教会对牧师的民主选举和任命、平信徒传教和会众制组织等。这些特征也反复出现在宗教奋兴运动中。

与穷人的教派相对的就是中产阶级的教派。尼布尔认为，加尔文教派总体上是具有代表性的中产阶级宗教团体，其兴起和发展受到资产阶级经济利益的制约。尼布尔指出，中产阶级的宗教需求不像穷人那样明确，因为这个阶级的社会结构和社会利益模式都更为复杂，以各种方式与经济欲望结合在一起，并与统治阶级关系密切。中产阶级的心理包含某些恒定的特征，如个人自我意识的发展和盛行，由此产生对个人自由和权利的热爱等，这些特征都反映在其宗教组织和教义中。如此高度发达和盛行的自我意识，皆由于这个阶级必须从事相对独立的工商业活动，必须依靠自己的精力和智慧，几乎完全由自己承担成功或失败的责任，这是自我意识产生并发展的根源。同时，这个阶级受教育程度较高，对自我意识的发展也有一定的贡献。因此，他们的宗教具有相当强烈的个人特征。对他们来说，个人救赎远比社会救赎更为紧迫。在中产阶级的象征主义中，保证个人幸福的天堂概念比穷人信仰的千禧年希望更重要。[①]

三、教派向教会变迁的动力学

尼布尔对基督教的分裂痛心疾首，并试图挖掘这种分裂的社会经济根源，在此基础上提出解决之道以捍卫基督教统一的理想。不过，由于他对此情绪过于激烈，以至于有学者怀疑他的分析的客观性与可靠性，并批评他阻碍了对宗教组织的其他维度的探究。[②]尼布尔针对这个主题的研究之出发点实际上与特洛尔奇十分相似。尽管如此，尼布尔的相关思考仍然十分深刻，

---

① H. Richard Niebuhr, *The Social Sources of Denominationalism*, pp.80–81.

② James Beckford, "Religious Organization:A Trend Report and Bibliography Prepared for the International Sociological Association Under the Auspices of the International Committee for Social Science Documentation", *Current Sociology*, 1973, Vol.21, No.2, p.15.

而且建构了从教派向教会演变的模型，这是他对教会-教派类型学的独特贡献。

尼布尔首创教会-教派连续统概念，即认为教会和教派分别占据社会-神学连续统（socio-theological continuum）的两端。下层阶级的教派/宗派有“明显的千禧年主义倾向”，其承诺的是有形利益，并希冀颠覆现有的社会等级制度，其宗教组织对世俗制度的适应度更低。而中产阶级和上层阶级倾向于一种更具哲学性、形式性和抽象性的宗教形式，比较适应世俗社会。在尼布尔看来，基督教福音派、原教旨主义和五旬节派的信徒构成更可能是下层穷人，自由派和温和派的新教徒、天主教徒、犹太教徒则是有着较高社会经济地位的信徒。但是，随着穷人的教派在社会阶梯上的上升，这些组织会变得更加适应世俗社会。

尼布尔认为，基督教组织采用何种组织原则很大程度上取决于其成员的社会经济条件。在新教历史上，教派一直是被排斥的少数派的产物，在穷人的宗教叛乱中崛起。然而，教派主义（sectarianism）的社会学特征几乎总是随着时间的推移而改变，这种结构变化不可避免地会导致教义和伦理学的变化。就其本质而言，教派类型的组织仅对一代人有效。为了让新一代人遵守已经成为传统的理想和习俗，教派必须发展成为教育和纪律机构。第二代信徒很少像他们的父辈那样身处激烈的冲突和殉难的危险中，因此不会以父辈同样的热情持有他们所继承的信念。总之，随着时间推移，新的一代加入，教派与世界的隔离变得更加困难；生活水平的提高，财富的增加，也使教派的文化可能性增多，对社会生活的参与也不再施加或被施加过多限制。自此，“妥协开始，教派的道德逐渐接近教会道德。……于是教派就变成了教会”。[①]

当产生自下层阶级的新信仰变成了有文化的人、统治者和世故者的宗教，在抽象神学诡辩中就逐渐失去了原先自发的能量。尼布尔认为，每当基督教成为上层有教养者的宗教，并在此过程中变得哲学化、抽象化、正式化和道德化时，社会下层就会发现自己被一种既不能满足他们的心理需求，也不能提出有吸引力的道德理想的信仰所束缚。这时就会有一个领袖出来发起新的宗教运动，通常会产生一个新的教派。[②]这个观点同韦伯的比较接近，即教派从更大的团体中脱离出来。不过，尼布尔对这个过程的描述更加丰富和细节化，并且也并非只是从教会中脱离，而是从其他

① H. Richard Niebuhr, *The Social Sources of Denominationalism*, p.20.

② H. Richard Niebuhr, *The Social Sources of Denominationalism*, p.31–32.

以较好生活处境的信徒占主体的教派中脱离出来，这是由于，在美国的经验中，并不存在欧洲那种国教会，很多只是教派或宗派，但又与地方社会保持较为和顺的关系，是具有美国特色的教会即宗派。它们往往也是由教派发展而来的。总之，在尼布尔那里，教派与教会就形成了一个往复循环的运动，教派不断降低其与社会的张力，向着教会方向发展；而随着这个过程的完成，又会不断产生新的教派。

第四章
宗教组织研究的主要理论流派

第一节　教会-教派理论

一、历史地位

尽管教会-教派类型学存在严重的局限和难以弥补的缺陷，因此在当今的宗教组织研究中不再是个有效的分析框架。但是，这个类型学作为针对宗教组织现象的第一个系统理论，在宗教社会学乃至整个宗教学的发展史上，具有不可磨灭的重要地位，它对科学研究宗教曾经发挥着巨大的推动力，尽管它过于依赖基督教的历史经验，这种狭隘性使之无法有力地分析其他宗教现象中的组织问题。然而，教会-教派类型学的重要贡献在于，它第一次把存在了数千年之久的、具有神圣性的基督教会组织作为一个科学研究的对象，将之从云端拉回现实；对宗教组织做出组织学、社会学的分析时又能结合宗教自身的历史与教义，是将两个领域的智识资源结合得比较紧密的理论框架。

在20世纪20年代保罗·道格拉斯开展他的城市教会研究时，遭遇了主要来自教会以及普通信众的强烈抵制。道格拉斯承认他的研究处于教会“持续的怀疑中”。那些把教会视为超越性的世外之物的人，被社会科学取向的研究震惊了，难以相信如此神圣的东西居然可以“科学研究”，并与其他机构和社会系统相比较。[①]而教会–教派类型学把所有宗教组织置于一个动态的、按一定标准列序的框架中加以科学研究，不仅符合缪勒提出的宗教学研究公正、中立的原则，而且积累的大量经验材料和相关观点对宗教组织自身的适应与发展也有助益。当然，这一时期包括教会–教派类型学在内的美国宗教组织研究具有浓烈的经验研究取向，很少关注或提炼出抽象理论，很大程度上只是对宗教组织的经验资料加以“中层理论”意义上的分析。教会–教派类型学提供了系统的中层理论框架。

二、美国版本的精细化发展

在韦伯、特洛尔奇和尼布尔分别对教会–教派的

① Edmund deS. Brunner, “Harlan Paul Douglass: Pioneer Researcher in the Sociology of Religion”, *Review of Religious Research*, 2008, Vol.50, pp.11–29.

类型研究做出开创性贡献后，这个分析主题在美国进入了一段黄金时期。20世纪20年代末，霍华德·贝克尔受尼布尔“宗派”类型的启发，在教会-教派这两种原始类型中又增加了另外两种类型，设计了一个膜拜团体-教派-宗派-教会的四分类模型。在这个模型中，“宗派”是处于适应世俗世界的发展阶段的教派；而膜拜团体则是处于教派末端并向个人主义迈出的一步，但与教派在经验上很难区分。

克拉克则强调“教派主义”主要是一个精神问题，而不是形式、组织或规模问题，因此不可能对“教派”进行严格定义。但他坚持教会-教派是“连续统”，认为随着时间的推移，宗教团体会从教派类型逐渐过渡到教会类型。克拉克在很大程度上也遵循尼布尔对教派的经济地位的重视，强调教派对穷人的吸引力、清教徒道德以及保守主义等特征。

利斯顿·波普同样重视宗教组织的经济基础，他研究了1880年至1929年间北卡罗来纳州一个纺织厂社区的宗教团体，认为一个宗教团体在教会-教派连续统中的地位与其成员在社会阶级结构中的位置之间存在直接关系；他认可尼布尔等关于教派从教会母体中分裂而来的观点，并认为教派如果能存活下来，就会越来越趋向教会类型。此外，他也意识到需要有更精确的标准来确定教会–教派的分类，这些指标必须包含经济的、社会的、心理的和教义的维度。①

20世纪40年代末，英格尔又对教会–教派模型施加了越来越多的限定，将贝克尔的四种类型扩展到六种：膜拜团体、教派、建制教派、阶级教会/宗派（class church/denomination）、教会（ecclesia）和普世教会（universal church）。这一时期对教会–教派类型学的研究主要沿着尼布尔的方向进一步细化，某种程度上也越来越烦琐化。其中几个原则更清晰地被确立了起来，即“教会”和“教派”被理解为连续统的两极，而不是独立或二分法的类型；强调教会–教派的动态性质，认为教派是一种内在的不稳定状态，容易过渡到教会类型；强调教派和社会经济地位的弱势状态存在密切关联。

三、困境、转向与合理因素

随着时代的变化，尤其是西方社会在20世纪六七十年代的剧烈变化，宗教和宗教组织也在不断演变。对宗教及其组织模式复杂性的理解，越来越难以在教会–

---

① Owen Dent, “Church-Sect Typologies in the Description of Religious Groups”, *Journal of Sociology*, 1970, Vol.6, No. 1, pp.10–27.

教派的视角下进行，这个理论框架的缺陷越来越明显。停滞不前的类型学抑制了宗教组织研究的理论创新，也限制了对宗教组织自身实践创新的审视。对该理论的主要批评是，教会-教派可能是解释欧美基督教演变的一个适当框架，但它没有抓住当代宗教组织的复杂性，它对其他宗教传统中的组织现象不具有明显的适用性。例如，20世纪的新兴宗教运动（NRMs）在一定程度上反映了全球化和世俗化的进程，不能通过相对简单的教会-教派逻辑来解释。此外，一些案例也完全不符合教会-教派的推理。例如，耶和华见证人和山达基，在第一代领导人去世后仍然以教派的面貌存在，与社会仍然保持着较高的张力。而按照教会-教派理论，尤其是尼布尔的理论，第二代教派成员将促使教派向教会转化。

虽然一些学者继续在对整体的教会-教派框架做出修正，但学界的一个总趋势是逐步偏离整体的教会-教派理论，而将注意力越来越集中到“教派”方面，基于不同标准的教派类型进一步涌现。20世纪60年代和70年代的几项研究集中于新教教派科层化问题。研究表明，当时美国新教教派的规模、功能和行政复杂性不断增长，这导致决策权的集中，并最终促使教派组织的科层化程度加深。同时，受组织研究领域有关组织趋同等研究和思想的影响，教派组织科层化也被认为同宗教组织结构的日益趋同有关。教派科层化最终成为世俗化加剧的标志。这种结构的同质化促成了社会的整体世俗化。在整体的世俗化趋势下，宗教组织通过科层化实现世俗化的必然性成为当时宗教社会科学研究中的常规见解，其内在假设是，科层制的理性主义与宗教的理想主义相对立。因此，宗教组织越是科层化，就越是世俗化的。①

总之，教会-教派理论的影响已经不复存在，虽然宗教社会学新的主导范式即理性选择理论，一定程度上"抢救"了教会-教派理论中有关"张力"的合理解释，但作为一个分析框架的教会-教派理论已不再是主要的理论。新的理论视角不断涌现，对宗教组织的研究也进入一个新的时代。

第二节　当代宗教组织研究的诸理论流派

很长一段时期以来，以教会-教派类型学为代表的宗教组织研究主要基于基督教的例证，被认为有着鲜

① Patricia M. Y. Chang, "A Critical Analysis of the Study of Religious Organizations, 1930–2001", in Michele Dillon (ed.), *Handbook of the Sociology of Religion*, Cambridge: Cambridge University Press, 2003, p.127.

明的西方中心主义色彩和教义的狭隘性。但是，并不是说宗教组织概念不能扩展到犹太教-基督教-伊斯兰教以外的文化区域。虽然有一些组织特征确为西方社会文化情境下产生，并成为西方社会中主导性的组织模式特征，但是，非西方宗教中仍然有着自己的某种“有组织的社会表达”。也就是说，非西方宗教中的组织不一定是教会、教派式的，但必定也是一种有组织的形式；这些组织形式未必具有西方宗教组织模式的科层制等特征，但仍然有着组织化程度不等的“结构化”特征或制度性秩序。随着视野的扩大，跨学科研究的进展，尤其是对非西方宗教以及新的宗教组织表达形式的研究等，极大地推动了宗教组织概念与理论的发展。目前，在当下宗教组织研究中取得较明显成果的理论流派主要有以下几种：

一、组织生态学（Organizational Ecology）

组织生态学是受动植物生态学理论的启发而产生的组织理论。组织生态学把提供类似产品或服务的组织视为构成了一个“组织种群”（populations of organizations），组织种群中的组织由于提供的产品或服务相似，使用类似的资源，因此构成了更加直接和明确的竞争关系。组织生态学理论考察种群内组织数量的增长或衰退、创立或解散，以及种群内的竞争、资源可获得性和相应的组织生存策略，并衡量组织适应性（organizational fitness）等问题。

组织“生态位”（niche）是组织生态学的主要概念工具，它是指一个组织或组织种群从中获取资源的环境的最小单位。由于每个组织都占有一个社会空间，该空间是组织在其运营过程中与之互动的社会环境的一部分，组织主要从这个空间中获取相应的资源，并试图从特定群体中获取支持。因此，组织生态位可以更具体地被认为是组织从中提取资源的社会环境的一部分，这些资源可以是利润、会员资格、时间、精力或其他任何形式。[①]组织生态位中资源的情况决定了这个生态位的“承载能力”。生态位的重叠或密度则反映了竞争的强度。组织需要发展出不同的生存策略，如通才式（generalism）组织能够缓冲环境变化，而专业型组织能够最大限度地利用其资源。

组织生态学的视角为宗教组织研究提出了新的研究问题，更提供了重新构造旧问题的方法。这个视角一般将某个宗派或宗派内的所有会众组织视为组织种群，它

---

① Christopher P. Scheitle, “Organizational Niches and Religious Markets: Uniting Two Literatures”, *Interdisciplinary Journal of Research on Religion*, 2007, Vol.3, pp.1–29.

界定了一个宗教组织生态位，包含着特定的社会经济、种族或族裔以及神学（例如保守派或自由派）的特征。生态位的宽度会因其所包含的多样性不同而有所不同，影响着宗教组织的形成、生长和解散。组织生态学研究可以考察环境变化（如人口的增减、移民等）以及多样化的资源组合对宗教组织的影响等。组织生态学关注的是宗教组织在更大的环境背景中生存的事实。

二、资源依赖理论（Resource Dependence）

资源依赖理论在组织研究中获得广泛运用，具有很大的潜力。从资源依赖的角度研究宗教组织，目前主要致力于阐明某个具体宗教系统内的各个基本组织单元（如会堂）同整体宗教系统之间的关系。例如，研究发现，一些宗派的权力高度集中，为其成员会堂提供了大部分资源（如礼拜空间、神职人员等）和神学支持（即合法性）。在这种结构中，单元组织很大程度上依赖于宗派才能生存，宗派对会堂拥有很大的权力。而在权力高度分散的宗教系统中，系统本身能够向单元组织提供的资源很少，特别是其神学合法性由会堂自身来建立，而不是由宗派授予，组织成员对基层单元组织的忠诚度超过了对宗派的忠诚度。这些宗派往往依赖地方领导人为中心的卡理斯玛权威形式，而不是传统或法理/科层形式的权威。这两种宗派理想类型中都存在着基层组织单元同宗派体系的冲突。在权力集中的宗派中，基层会堂依靠宗派而获得物质和神学上的支持，故而没有能力挑战宗派，但会通过不同方式表达不满，虽然分裂的可能性较低，但效率受到限制。而在权力分散的宗派中，教会从宗派体系中所获甚少，从宗派中分离出来的成本很低，因此更有可能分裂。

三、新制度主义（New Institutionalism）

新制度主义的基础，或其强调的重点是“规范”（norms）和“感知”（perception）。新制度主义的组织研究关注的问题包括：组织类型以及组织内部的结构和程序如何被认为是自然和理所当然的？如果一个组织或其成员没有明确的物质利益，该组织如何确立其行动的合法性？新制度主义提供了一种方式来思考组织结构或行为如何被所有人无意识接受。新制度主义组织理论在有关组织趋同、组织同构等方面的研究颇深。组织结构及其行动的趋同扩散超越了基于明确物质利益的“理性适应”模型，而通过三种扩散机制即强制（coercive）、规范（normative）和模仿（mimetic）过程，使不同的组织更加同质，这一过程也称为同构化过程（isomorphism）。强制同构是指一个组织依赖于其他行为者，而这些行为者要求该组织采取某种政策或结构时（例如，政府通过一项法律，所有受影响的组织都必须遵守法律）发生的同构现象。模仿同构指组织复制或模仿彼此的行为，试图获得任何潜在的竞争优势或取得合法性时发生的同构现象。规范同构指某个领域的规范成为进入该领域的标准，会促使不同组织趋于同构。

新制度主义理论在宗教组织研究中产生了相当大的影响。很多研究注意到在宗教组织中某些结构性、规范性或制度性举措的扩散，呈现了同构化机制的作用。如宗教组织中女性圣职在各教派间的传播表明，宗教领域以外广泛的社会空间中对妇女权利的主张形成了规范性压力，导致许多宗教组织很早就采取了任命女性圣职人员的做法。一些针对保守福音派基督教组织的研究发现，人数居少数的福音派组织领袖在传播某些行为和思想方面起了很大作用。这些领袖中有许多人参加过很多其他类型的组织的活动，使他们本身成为一种同构机制，通过积极模仿非福音派的行为，例如支持高等教育和资助艺术和科学，减少福音派和非福音派之间的差异，使得他们所领导的宗教组织同质化。还有如一些其他宗派甚至其他宗教的崇拜音乐、礼仪、小团体计划和教会发展计划在宗教团体中广泛传播，呈现出模仿同构的趋势。[①]

四、理性选择理论（Rational Choice）

理性选择理论被誉为取代世俗化理论的新范式。尽管其地位可能有所夸大，但这个理论视角确实给宗教社会学研究带来了新的思维方式。宗教社会学的理性选择理论以其形式化、体系化的理论建构方式而独树一帜，同时也具有令人印象深刻的逻辑性、简洁性和清晰性。

关于宗教组织，理性选择理论认为这是一种“社会单位，其主要目的是给一群个体创造、维护和提供宗教，并且支持和监督他们跟神的交换”。[②]这个定义简明扼要，表明了宗教组织的重要地位。尽管宗教的产生与一些天赋异禀的具有卡理斯玛的领袖人物有很大关系，但作为宗教要想吸引、维持一定数量的信众并克服时代的变迁而生存下去，就需要宗教组织在其中发挥作用。正是由于组织的存在，才使得宗教创

---

① Christopher P.Scheitle and Kevin D. Dougherty, “The Sociology of Religious Organizations”, *Sociology Compass*, 2008, Vol. 2, No.3, pp.981–999.

② 〔美〕罗杰尔·芬克、〔美〕罗德尼·斯达克：《信仰的法则：解释宗教之人的方面》，见前引，第127页。

始人以其超常的智慧综合传统与个人领悟所创造的信仰，通过组织化的群体形态而系统化并保存、扩散了这些初创的信仰要义。随后不断涌现的领袖人物和神学理论家将源自创始人的信仰结合时代与社会背景不断加以调适与阐发，在信众群体中形成各种经典，从而丰富、保存了信仰和教义，并将之不断扩散和传播，即向民众提供宗教。一定程度上，宗教组织与宗教创始人以及本宗教中不断涌现的精英人物共同创造了这个宗教。如果没有宗教组织的基础性支持，一种信仰可能最终只是民间弥散性的信仰方式，很难成为一股结构清晰的社会力量。同时，在这个定义中，理性选择理论也强调了宗教组织的核心是支持与监督信众与神的交换。因此，理性选择理论的这个定义被认为能够最大限度地涵括宗教组织的基本特征。

与神的交换是理性选择理论思考宗教现象的微观起点，避免了坚持这一理论的学者所强烈反对的功能主义的宗教定义。理性选择理论的代表人物罗德尼·斯达克批评涂尔干的功能主义以“化约论”的方式理解宗教，无法把握宗教的真实性，他强烈主张将超自然或神灵重新引入对宗教的理解中。这个定义很鲜明地体现了这一原则，即在宗教组织中人们才能恰当地与神交换，因为宗教组织对此行为既支持又监督。与神交换的回报既有此世的利益，也有彼世的不可见的利益，而后者才是宗教真正追求的回报。

理性选择理论基于经济学中理性人的假设，认为人们在宗教状态下对彼世回报的追求也遵循理性人的趋利避害原则。这种人性原则体现在人们与神灵交换时，会尽量拖延并最小化宗教代价。前者意味着人们往往会随着年纪增长才提高自己履践宗教诫命的程度，或者处在一个关键节点才按宗教的要求行事。后者则表明人们在履行宗教义务时通常会精确计算，尽量不对日常世俗生活产生大的影响。而这种属于基本人性的原则，也被理性选择理论家用来解释教派向教会的演变。因为教派往往坚持较高的宗教实践标准，这意味着较高的宗教代价。而最小化宗教代价的人性原则会驱动一个教派中的信徒，往往是第二代及以后的信徒，不断降低宗教标准或诫命要求，最后演变到教会模式，采取大众的宗教标准，脱离了教派的初始样貌。

因此，宗教组织不仅是笼统地创造、维护和提供宗教并支持和监督信徒与神的交换，更重要的是，宗教组织更会要求延长和排他的交换。由于不同宗教组织所服侍的不同神被认为具有不同的能力，这导致一个直接的结果：不同宗教组织把其成员约束在一个长期的、排他的关系的程度将会不同。这些关系涉及很多不同的世俗回报，但是这些也跟神的范围相应。特定的宗教组织会通过解释来罗列人们及时满足跟神的交换条件的程度。这些解释确定了客观行为和主观信仰、情感方面的付出程度，前者包括所有形式的宗教参与或实践，物质奉献和遵守制约行动的规则等，后者涉及对一个宗教组织所支持的解释的相信和了解，并且付出适当的情感。[①]

在上述对宗教组织的基本理解的基础上，理性选择理论进一步重塑了教会-教派理论。斯达克等人认为，传统的教会-教派理论在类型划分和辨析上的泛滥错把定义当作理论，这些名称没有解释任何东西。理性选择理论抓住宗教组织与环境的“张力”（tension），将之理论化，以此来重新梳理教会与教派问题。这一理论对“张力”提出如下定义：张力是指一个宗教群体和外部世界之间的区别、分离和对抗程度。[②]所有宗教群体和组织都可以放在与社会文化环境的张力轴线的某点上。因此，从张力看，教会就是跟社会环境张力相对较低的宗教团体，反之，教派与其社会文化

① 〔美〕罗杰尔·芬克、〔美〕罗德尼·斯达克：《信仰的法则：解释宗教之人的方面》，见前引，第127页。

② 〔美〕罗杰尔·芬克、〔美〕罗德尼·斯达克：《信仰的法则：解释宗教之人的方面》，见前引，第178页。

环境的张力相对较高。高张力的极端表现是严重对抗，甚至流血冲突；低张力则表现为宗教团体或组织与环境的协调，有时甚至很难区分两者。

根据以上概念，理性选择理论解释了宗教组织的增长、宗教组织内部的社会网络密度变化以及宗教组织行政等问题，并进而分析了宏观层面的宗教经济问题。理性选择理论把“宗教经济”界定为“由一个社会中的所有宗教活动构成，包括一个现在的和潜在的信徒‘市场’，一个或多个寻求吸引或维持信徒的组织以及这（些）组织所提供的宗教文化”。[①]在这个市场中，由于排他性宗教组织提供更有价值的和更少风险的宗教回报，因此会在非排他性宗教组织占主导的宗教经济中更占据优势。在此，理性选择理论又回到了对教会－教派理论的重塑，并强调了在多元宗教市场中宗教组织对宗教产品的供应之重要性。

五、心理学取向的宗教组织研究

20世纪50年代开始，社会心理学家试图理解宗教与道德判断之间的关系，从而刺激了心理学取向的宗教研究快速发展。心理学研究发现一些宗教人士具有

---

① 〔美〕罗杰尔·芬克、〔美〕罗德尼·斯达克：《信仰的法则：解释宗教之人的方面》，见前引，第237页。

高度偏见，而另一些宗教人士则有很强的包容性。为了解释相同宗教身份的人士之间的这种差异，社会心理学家开发了评估量表，希望理解宗教人士如何评价他人。最初的量表是一种信仰取向的线性连续体，在这个连续体的“外在取向端”（extrinsic orientation limit），是那些将宗教视为其他目标的工具或手段的人；“内在取向端”（intrinsic orientation limit），则是那些将宗教本身视为目的的人。随后社会心理学家又增加了一个“探索取向”，并结合上述成果发展了四重范畴类型学，区分了两种宗教外在取向，即个人功利主义取向（personal utilitarian orientation）和社会功利主义取向（social utilitarian orientation）。大体上，上述研究表明：第一，探索取向认为宗教是一种精神旅程，允许对信仰的怀疑和发现；第二，个人功利主义取向将宗教视为获得收入或健康等个人利益的手段；第三，社会功利主义取向认为宗教是改善社会的手段；第四，内在取向将宗教视为一套自身正确的真理和实践，而不是一次旅行或一种使自己受益的手段。随着研究的扩展，社会心理学开始关注不同宗教组织在信徒心理取向上施加的影响，纳入宗教组织的基要主义与自恋/谦逊指标来完善主要是个体层面的宗教取向测量，试图理解和比较宗教取向的差异及人们对宗教组织本身边界的理解差异。

社会心理学角度对宗教组织的研究，也对教会-教派理论中有关教派组织的形成机制问题做出了重新评估，一定程度上为这个经典理论补充了心理基础。研究认为，宗教个体的心理状态和宗教组织的特征随着时间的推移是动态相关的；这种动态是周期性的。也就是说，新的宗教团体一开始是由排外和高度虔诚的宗教人士组成的小团体，这种个体心理特征与教派本身的特征一致。随着时间的推移，教派降低与社会的张力，在结构与制度上发生显著变化，这往往会减少信徒在心理和情感上的排他性，同时也降低了信徒对教派组织的忠诚或委身。这一变化有利于宗教组织整体的发展，降低与外部社会的张力，但在一些信徒心中产生了对宗教委身和排他性的心理需求，为新的教派产生提供了机会。

不难看出，心理学取向的研究深入剖析了教派生成的个体心理机制，一定程度上补充了传统教会-教派理论从教义、伦理和组织结构等方面的分析。较老的和已建立的教会获得了最高密度的包容性宗教类型，而反建制团体表现出最高密度的排他性宗教类型。据此，社会心理学者强调，要保持对宗派兴衰的警惕——这是一种“宗教组织悖论”，在这种悖论中，制度化的宗教形式为宗教间的竞争播下了种子。但是曾经至关重要的宗教组织是否会僵化，是否让位于宗教的“复魅”，而宗教“复魅”又是否会凝结成僵化的官僚形式，以及这种模式是否推广到非基督教传统，仍然需要进一步研究。[①]

① Joseph A. Bulbulia, *et al.*, “A National-scale Typology of Orientations to Religion Poses New Challenges for the Cultural Evolutionary Study of Religious Groups”, *Religion, Brain & Behavior*, 2020, Vol.10, No. 3, pp.239–251.

第五章
中国学者对宗教组织的理论思考

尽管中国学界整体上在宗教组织研究方面相对比较薄弱，但相关的思考近20年里不断深化。尤其是已故的吕大吉先生在其《宗教学通论新编》中对宗教组织的系统阐述，体现了中国学者对这个重要现象已开始形成独到的思考，在汲取国际学界在这一论域之精华的同时，立足中国宗教的历史与现实，坚持马克思主义宗教观的立场、方法，着手构建既有本土关怀又有国际视野的宗教组织系统理论。也有学者从宗教社会学的角度，对西方有关宗教组织的社会学理论观点做了系统介绍和分析，其中比较有代表性的是戴康生、彭耀主编的《宗教社会学》。更重要的是，学界已经认识到，现代宗教组织研究的渊源在西方基督教社会，一些概念和理论对中国的宗教现象并不适用，因此，近年来一些学者也立足中国宗教现实，致力于建构更具解释力的概念和理论。

第一节　吕大吉：比较宗教学视域中的宗教组织

一、宗教组织及其决定因素

吕大吉先生在其影响深远的著作《宗教学通论新编》中，以“宗教的组织与制度”专章系统地阐述了宗教组织的相关问题。他开宗明义地指出：“没有一定的组织和制度规范起来的宗教是不存在的。宗教的组织和制度是一切宗教得以形成、赖以成型的基本要素。”[①]宗教的组织和制度在他早先提出的“宗教构成四要素”理论中，属于宗教的有形要素，是由宗教思想、体验和情感等无形要素所决定的，它们之间的关系是内容和形式的关系。对这一决定与被决定关系的强调，意味着吕大吉先生从四要素论出发，关注并尝试处理宗教组织研究中的一个比较棘手的问题，即把宗教组织等同于一般社会组织，忽略其宗教性的问题。正如前文所述，西方学者同样关注到了这个问题，提醒说要避免在强调宗教组织的社会性、组织性时忽略其宗教性，要避免将一般组织的概念和特征如组织目标等简单套用到宗教组织。

除了强调宗教组织本质上由宗教观念、感情等内

---

① 吕大吉：《宗教学通论新编》，见前引，第272页。

在要素决定外，吕大吉也指出，宗教组织的性质和表现形式也必然受社会结构形式或社会组织形式的影响和制约，体现为各种宗教组织形式不同程度上直接或间接再现当时其所在社会的社会结构形式，时代越久，再现程度越高，甚至达到重合的程度。[①]据此，吕大吉分析了宗教组织由原始社会中分散性的信仰发展到体制化崇拜的演进，阐释了宗教与社会的重合状态以及宗教组织从传统社会体制中独立出来的历史进程，试图提炼宗教组织发展演变的一般规律。

吕大吉主张研究宗教组织不仅要关注其与整个社会结构的关系，更要注意宗教组织自身的结构、秩序与运作，以及内部的社会关系等。吕大吉用佛教及藏传佛教、基督教和伊斯兰教的组织形成与变迁案例对宗教组织内部的变化做了考察，同时也花了很大篇幅分析各大主要宗教和主要文明中僧侣群体的形成和特点。吕大吉认为僧侣或宗教职业者是宗教组织的核心，宗教组织的产生和存续有赖于僧侣群体沟通神人关系的桥梁作用。通过对宗教组织内部构成的考察，吕大吉得出结论说，宗教组织的社会性质和世俗性质体现在这些组织的科层制中，无论宗教组织自我标榜的神

① 吕大吉:《宗教学通论新编》，见前引，第276页。

圣性有多强，它本身仍然是社会群体，不得不遵从在任何社会群体中起作用的社会规律。[①]

二、宗教组织类型与功能

在宗教组织的类型划分上，吕大吉先生紧扣宗教内在因素的决定性影响，提出了划分宗教组织类型的两大标准或原则。第一个标准是对彼岸超自然境界的追求方式，由此将宗教组织划分为出世型和救世型两大类型。大多数宗教组织都是救世型的，在追求彼岸终极幸福的驱动下着眼于解救现实的苦难，或乞求神灵用超自然方式赐予尘世幸福。极少数宗教是出世型的，即完全抛弃现实的社会生活。吕大吉注意到，这两种类型只是相对而言，具有某种韦伯式的理想类型特征。大多数宗教组织属于救世和出世之间的过渡或混合类型。第二个类型划分原则是社会政治生活的参与程度，依此标准划分为政教合一型和政教分离型的宗教组织。[②]不过，这实际上是政教关系在宏观制度体系方面的划分，可能并不是组织分析意义上的组织类型划分。虽然在这两种制度体系下，宗教组织的结

---

① 吕大吉：《宗教学通论新编》，见前引，第284页。

② 吕大吉：《宗教学通论新编》，见前引，第291—294页。

构与行为方式也有各自政教关系的特点。进一步而言，即使是救世型和出世型这两种类型，似乎也更多地反映了某种宗教在教义教理方面的特点，以及由教义教理所体现的特定宗教整体的倾向性，而不是具体的宗教组织的行为或结构类型。尽管宗教组织的行为或结构也反映着这种由教义教理所决定的整体倾向，但情境因素对具体宗教组织的特殊影响与这种整体倾向性之间，可能存在着更加复杂的关系。但无论如何，吕大吉先生在基于欧美基督教经验的教会-教派类型学以外提供了一种新的分类思路。

宗教组织无论是对宗教自身还是对整个社会，都具有正、负两个方面的功能。一方面，由于宗教组织的产生，使个人性的内在信念固化为共同信奉的制度化教义信条，分散的个人崇拜演变为对信仰群体有约束力的信仰体制。因此，宗教组织既对宗教的巩固和发展有重要的支持作用，同时也对宗教创新形成桎梏。另一方面，宗教组织中的救世类型既能维持现存制度和秩序，又能在特定时期成为反对现存制度之力量的动员和组织工具；而出世型的宗教组织则往往为人们提供精神补偿，或是通过退出社会来表达不满。

除了上述直接与宗教组织相关的思考外，吕大吉先生在有关宗教教义、宗教信条的特点与发展，追求宗教理想境界而产生的修道体制、宗教行为规范和宗教礼仪的论述中也涉及了宗教组织现象，但并没有直接说明这些内容与具体的宗教组织的关联。这些内容出现在宗教组织的章节，实际上是说明宗教的这些要素和活动无法离开宗教组织而独立存在。不过，与前述有关宗教组织的类型划分和功能思考一样，它们主要是某个宗教的整体活动。

第二节　戴康生：宗教社会学视域中的宗教组织

一、作为外联媒介的宗教群体及问题

戴康生、彭耀主编的《宗教社会学》出版于2000年，是国内较早系统引介、评论宗教社会学相关理论的著作，有相当大的影响。该著作亦有专章阐述宗教组织的相关概念和理论。它从"宗教群体"入手展开对宗教组织的讨论，指出"群体生活是人类生存的基本方式"，并强调社会群体需要满足几个标准，即共同的社会身份，一定的社会关系和联系纽带，共同目标与期望，指导行动的共有规范、认同感，以及特定的互动模式，且相对稳定。这些要素将社会群体同偶然的人群聚集以及乌合之众区分开来。宗教信徒构成的

宗教群体也满足上述一般特征。[1]

该著作强调，宗教群体是宗教作为社会现象的重要表现形式，是“宗教徒与外界社会发生联系的主要媒介体”。[2]然而，对宗教群体这一功能的表述，可能并不严谨。因为，宗教信徒并不是只通过宗教群体活动而与外界社会发生联系，宗教群体甚至可能也不是宗教信徒与外界社会发生联系的主要媒介。因为宗教信徒本身就是社会中的人，他们可以通过各种途径和媒介与外界社会发生联系，如家庭、职业、人际关系网络等。只有在特殊的情形下（如高张力状态下），宗教群体或组织才是宗教信徒与外部社会发生联系的主要媒介。尽管该著作正确地指出宗教群体兼具宗教性与社会性，但从这个表述可以看出，人们总是自觉或不自觉地把宗教信仰者视为整体上与非信仰者相异的特殊群体，其暗含的假设是认为宗教信徒完全是在其所信奉的宗教信仰的全面规制和引导下生活，把信仰的差异视为整体生活的差异和隔阂，因此认为需要宗教群体或组织这样一种主要的媒介同外部社会发生联系。但是，这种内外之分的边界在何处，仍然需要进

---

① 戴康生、彭耀主编:《宗教社会学》，见前引，第107页。

② 戴康生、彭耀主编:《宗教社会学》，见前引，第108页。

一步细究。

该著作进一步认为，各种宗教的不同形式的群体活动，“其共同特征都是为了宗教目的所进行的社会性集体行为”。[①]既然宗教群体的社会性集体活动是为了宗教的目的，那么，它们又是如何成为与外部世俗的、非宗教目的的社会联系的中介？这是值得深入探究的问题。事实上，宗教信仰者为了宗教目的而形成群体和进行集体活动，更可能是为了从日常生活中抽离出来，某种意义上是日常生活的暂时中断，而不是联系，这在现代社会中可能更加明显。因此，宗教群体与构成该群体而又生活在社会中的宗教信众，两者之间的关系以及他们共同和分别与外部社会的关系，仍然是个激动人心的研究主题。

该著作将宗教群体分为宗教家庭、宗教社区和高度制度化的宗教组织三大类型，表明在人类历史发展过程中，宗教逐步脱离家庭等“自然群体”，越来越多地采取独立的、制度化的宗教组织形式，虽然自然群体的宗教形式并未完全消失。不过，宗教家庭和宗教社区等宗教群体实际意味着宗教与社会生活的重合，这种类型的宗教群体很难说是宗教信众与外部社会联

---

① 戴康生、彭耀主编：《宗教社会学》，见前引，第108页。

系的主要媒介，因为它们本身就是一体的。

二、宗教组织的核心特征与文化

该著作把宗教组织视为制度化程度最高的宗教群体，在依据结构功能主义的组织界定阐述了一般社会组织的内涵之基础上，对宗教组织做出如下定义："宗教组织是一种与统一的宗教信仰目标与行为体系相联系的、共同遵照一定的制度规范的信奉者所结成的社会群体。"[①]一方面，宗教组织具有一般社会组织的共同特征。如由角色和角色丛构成组织的社会内容，由权力、制度、经济资源以及成员资格等构成结构性要素，等等。另一方面，宗教组织具有自身的独特性。首先，是在整体上任何宗教组织均标榜具有神圣性，从组织的象征体系到其行为与活动都笼罩着一层神圣性光环；其次，宗教组织是具有宗教情感和宗教信仰的宗教徒的联系纽带，每一个宗教组织都是培养、维护和实践宗教体验与信仰的基本中介，因而反映宗教一般本质。宗教组织"是以共同的宗教信仰为组织目标的社会组织，这是它与其他以别的信仰或利益为组织目标的社

① 戴康生、彭耀主编：《宗教社会学》，见前引，第112页。

会组织相区别开来的最显著的社会特征”。[①]因此，由宗教组织的内部领导成员、成员资格规定、权力结构与制度以及经济资源四大方面内容构成的宗教组织，也必须从以上维度加以分析。

该著作指出，宗教组织遵循一般的社会群体由同质性初级群体向异质性高级群体即组织演进的规律。专门宗教组织是社会发展和功能分化的产物。随着社会异质性的增多，人们在多种宗教信仰和其他意识形态中进行选择的机会也增多，这就促使宗教组织自身不断自我调节、分化和演变，呈现出不同的组织形式以适应社会条件，由此产生了不同的宗教组织类型。该著作较为详细地介绍分析了教会-教派类型研究，准确把握了这个类型学的基本内涵，对一些学者在这个领域的贡献分别做了介绍和评论。

第三节 本土化理论进展的未来方向

从上述中国学者关于宗教组织的两个代表性观点可以看出，我国学者不仅较为全面地引介、整理并评论了宗教组织研究的基本观点和理论，而且自觉结合

① 戴康生、彭耀主编：《宗教社会学》，见前引，第115页。

中国宗教的特点，尤其是坚持马克思主义宗教观立场，着手建构中国本土的宗教组织理论。不过，相对而言，我国学者在聚焦宗教组织的研究方面仍然比较薄弱。综合性的宗教学论著中，涉及宗教组织的理论阐述大体上沿着前述两个代表性观点中的路线展开。经验研究中虽然大量涉及历史和现实中的宗教组织现象，但尚未充分利用相关理论资源进行专门的组织分析，并在此基础上提炼中国宗教组织的一般理论。未来在建构中国宗教组织的本土化理论方面大有可为。

例如，有学者指出，中国的宗教除了道教以及外源性的佛教、基督教外，更有不以独立的强组织性为标志的“宗法性传统宗教”。这种宗教以天神崇拜、祖先崇拜和社稷神崇拜为主体，以日月山川等百神崇拜为羽翼，以其他多种鬼神崇拜为补充，形成相对稳固的郊社制度、宗庙制度，以及其他祭祀制度。它的基本信仰是“敬天法祖”。它没有独立的教团，其宗教组织即是国家政权系统和宗族组织系统，既具有国家宗教性质，又带有全民性。[①]在当今中国社会，大量存在的“民间信仰/民间宗教”仍然具有宗法性传统宗教的特征。但是，在地方层面的社会表达和政府管理系统

① 吕大吉主编:《宗教学纲要》，见前引，第199页。

中，其宗教性、文化性与组织性之间存在着不同的要求，对现有的宗教组织理论提出了挑战。

近年来，随着建构中国特色社会主义宗教学理论的自觉意识不断增强，围绕中国宗教特点的思考越来越成为一个热点。杨庆堃关于中国宗教形态的论述持续激发着概念与理论探讨的热潮。除了常规的围绕如何界定中国宗教的“分散性”展开的讨论外，一些新的思路也不断涌现。其中，金泽对“组织归属”的引入十分具有代表性。金泽主张将“归属”作为研究宗教组织的一个维度或一个方面，再细分为归属与否、归属强度、归属方式等指标，从而可以将“归属”作为一个概念工具来拓展宗教学理论范畴的宗教组织研究。[①]这意味着，需要对宗教组织与其信徒之间关系的传统理解做出新的分析和判断，实际上预示着对宗教组织的内涵与边界的重新界定。

---

① 金泽：《推进马克思主义宗教学体系建设，加强宗教组织研究》，《世界宗教文化》2022年第5期，第1—9页。

参考文献

中文文献

陈荣富:《比较宗教学》，中国文化书院1987年版。

戴康生、彭耀主编:《宗教社会学》，社会科学文献出版社2000年版。

黄海波:《当代西方新兴宗教研究中的三大争议性主题》，《新疆社会科学》2011年第2期。

黄海波:《宗教非营利组织的身份建构研究》，上海社会科学院出版社2013年版。

金泽:《推进马克思主义宗教学体系建设，加强宗教组织研究》，《世界宗教文化》2022年第5期。

李向平:《中国当代宗教的社会学诠释》，上海人民出版社2006年版。

罗竹风主编:《宗教学概论》，华东师范大学出版社1991年版。

吕大吉:《宗教学通论新编》，中国社会科学出版社2010年版。

吕大吉主编:《宗教学通论》，中国社会科学出版社1989年版。

孙尚扬:《宗教社会学》，北京大学出版社2001年版。

周雪光:《组织社会学十讲》，社会科学文献出版社2003年版。

朱国云:《组织理论：历史与流派》，南京大学出版社2014年版。

〔美〕鲍威尔，沃尔特·W.、保罗·J.迪马吉奥主编：《组织分析的新制度主义》，姚伟译，上海人民出版社2008年版。

〔美〕贝格尔，彼得：《神圣的帷幕：宗教社会学理论之要素》，高师宁译，上海人民出版社1991年版。

〔美〕贝格尔，彼得：《天使的传言：现代社会与超自然再发现》，高师宁译，中国人民大学出版社2003年版。

〔美〕柏格，彼得等：《飘泊的心灵：现代化过程中的意识变迁》，曾维宗译，巨流图书公司1988年版。

〔美〕布劳，彼得·M.：《社会生活中的交换与权力》，李国武译，商务印书馆2008年版。

〔美〕芬克，罗杰尔、〔美〕罗德尼·斯达克：《信仰的法则：解释宗教之人的方面》，杨凤岗译，中国人民大学出版社2004年版。

〔英〕吉登斯，安东尼：《现代性的后果》，田禾译，译林出版社2000年版。

〔法〕卡泽纳弗，让：《社会学十大概念》，杨捷译，上海人民出版社2003年版。

〔美〕科尔曼，詹姆斯：《社会理论的基础（上、中、下）》，邓方译，社会科学文献出版社1999年版。

〔法〕拉法耶，克罗戴特：《组织社会学》，安延译，社会科学文献出版社2000年版。

〔德〕卢曼，尼古拉斯：《信任——一个社会复杂性的简化机制》，瞿铁鹏、李强译，上海人民出版社2005年版。

〔英〕缪勒，麦克斯：《宗教学导论》，陈观胜、李培茱译，上海人民出版社1989年版。

〔美〕帕特南，罗伯特：《使民主运转起来——现代意大利的公民传统》，王列、赖海榕译，江西人民出版社2001年版。

〔美〕帕特南，罗伯特:《独自打保龄——美国社区的衰落与复兴》，刘波等译，北京大学出版社2011年版。

〔印〕沙曼，R. A.:《组织理论和行为》，郑永年等译，广西人民出版社1988年版。

〔美〕斯科特，W. 理查德、〔美〕杰拉尔德·F. 戴维斯:《组织理论：理性、自然与开放系统的视角》，高俊山译，中国人民大学出版社2011年版。

〔美〕斯科特，W. 理查德:《制度与组织——思想观念与物质利益》(第3版)，姚伟、王黎芳译，中国人民大学出版社2010年版。

〔德〕特尔慈:《基督教社会思想史》，中国基督教两会2013年版。

〔德〕韦伯，马克斯:《支配社会学》，康乐、简惠美译，广西师范大学出版社2004年版。

〔德〕韦伯，马克斯:《中国的宗教》，康乐、简惠美译，广西师范大学出版社2004年版。

〔德〕韦伯，马克斯:《社会学的基本概念》，顾忠华译，广西师范大学出版社2005年版。

〔德〕韦伯，马克斯:《宗教社会学》，康乐、简惠美译，广西师范大学出版社2005年版。

〔德〕韦伯，马克斯:《新教伦理与资本主义精神》，康乐、简惠美译，广西师范大学出版社2007年版。

外文文献

Barker, Eileen. "Religious Movements: Cult and Anticult Since

Jonestown", *Annual Review of Sociology*, 1986, 12: 329–346.

Bartolomew, John Niles. "A Sociological View of Authority in Religious Organizations", *Review of Religious Research*,1981, 23(2): 118–132.

Beckford, James. *Religious Organization: A Trend Report and Bibliography*. Berlin: De Gruyter, 1973.

Beckford, James. *Religion and Advanced Industrial Society*. London and New York: Routledge,1989.

Bromley, D.G. and J.G. Melton. "Reconceptualizing Types of Religious Organization: Dominant, Sectarian, Alternative, and Emergent Tradition Groups ", *The Journal of Alternative Emergent Religions*, 2012,15(3): 4–28.

Bruce, S. and D. Voas. "Religious Toleration and Organisational Typologies", *Journal of Contemporary Religion*, 2007, 22(1):1–17.

Campbell, B.. "A Typology of Cults", *Sociological Analysis*, 1978, 39(3): 228–240.

Chang, Patricia M. Y.."A Critical Analysis of the Study of Religious Organizations, 1930–2001." In *Handbook of the Sociology of Religion*, ed. Michele Dillon, Cambridge: Cambridge University Press, 2003.

Chaves, Mark. "Secularization as Declining Religious Authority", *Social Forces*, 1994, 72(3): 749–774.

Chaves, Mark. "Religious Organizations: Data Resources and Research Opportunities", *American Behavioral Scientist*, 2002, 45(10): 1523–1549.

Clapman, Geoffrey. "Religion and Political Behavior in the United

States: The Impact of Beliefs, Affiliations, and Commitment from 1980 to 1994", *The Public Opinion Quarterly*, 1997, 61(2): 288–316.

Coreno, T.. "Fundamentalism as a Class Culture", *Sociology of Religion*, 2002, 63(3): 335–360.

Daiber, Karl-Fritz. "Mysticism: Troeltsch's Third Type of Religious Collectivities", *Social Compass*, 2002, 49(3): 329–341.

Davie, Grace. *The Sociology of Religion*. California: Sage Publications, 2007.

Dawson, Lorne L.. "Church-Sect-Cult: Constructing Typologies of Religious Groups." In *The Oxford Handbook of the Sociology of Religion*, ed. Peter B. Clarke, New York: Oxford University Press, 2011.

Dent,Owen. "Church-Sect Typologies in the Description of Religious Groups",*Journal of Sociology*, 1970, 6(1): 10–27.

Ebaugh, Helen R., *et al.*. "Where's the Religion? Distinguishing Faith-Based from Secular Social Service Agencies",*Journal for the Scientific Study of Religion*, 2003, 42(3): 411–426.

Faraz, Ali(ed.). *Modern Organizations: Theory and Practice*, 2 edition, Westport: Praeger Publishers, 2002.

Grothe-Hammer, Michael and Sebastian Kohl. "The Decline of Organizational Sociology? An Empirical Analysis of Research Trends in Leading Journals Across Half a Century", *Current Sociology Monograph*, 2020, 68(4): 419–442.

Harrison, Paul. *Authority and Power in the Free Church Tradition*. Princeton: Princeton University Press, 1959.

Huang, K.. "Sect-to-Church Movement in Globalization: Transforming Pentecostalism and Coastal Intermediaries in Contemporary China", *Journal for the Scientific Study of Religion*, 2016, 55(2): 407–416.

Jeavons, T. H.. "Identifying Characteristics of 'Religious' Organizations: An Exploratory Proposal." In *Sacred Companies: Organizational Aspects of Religion and Religious Aspects of Organizations*, ed. N. J. Demerath III, *et al.*. New York: Oxford University Press, 1998.

Johnson, B.. "On Church and Sect", *American Sociological Review*, 1963, 28(4): 539–549.

Kilbourne, B. and James T. Richardson. "Paradigm Conflict, Types of Conversion, and Conversion Theories", *Sociological Analysis*, 1988, 50(1): 1–21.

Knudsen,D.K.. "Sect, Church, and Organizational Change", *Sociological Focus*, 1968, 2(1): 11–17.

Kox, Willem, Wim Meeus and Harm't Hart. "Religious Conversion of Adolescents: Testing the Lofland and Stark Model of Religious Conversion", *Sociological Analysis*, 1991, 52(3): 227–240.

Lewis, J. David and A. J. Weigert. "The Social Dynamics of Trust: Theoretical and Empirical Research,1985–2012", *Social Forces*, 2012, 91(1): 25–31.

Lofland, J. and Rodney Stark. "Becoming a World-Saver: A Theory of Conversion to a Deviant Perspective", *American Sociological Review*, 1965, 30(6): 862–875.

Lundasen, S. W. and L. Tragardh. "Social Trust and Religion in

Sweden: Theological Belief Versus Social Organization." In *Religion and Civil Society in Europe*, ed. Joep de Hart, Paul Dekker, Loek Halman. London and New York: Springer Dordrecht Heidelberg, 2013.

MacGrego. "Religion and Volunteering in Context: Disentangling the Contextual Effects of Religion on Voluntary Behavior", *American Sociological Review*, 2012, 77(5): 747–779.

Mishler, W. and Richard Rose. "What Are the Origins of Political Trust? Testing Institutional and Cultural Theories in Post-Communist Societies", *Comparative Political Studies*, 2001, 34: 30–62.

Newton, K.. "Trust, Social Capital, Civil Society, and Democracy", *International Political Science Review*, 2001, 22(2): 201–214.

Niebuhr, Richard. *The Social Sources of Denominationalism*. New York: Meridian Books,1922.

Pandemonium, G. Burrell. *Towards a Retro-organization Theory*. California: Sage Publications, 1997.

Paxton, P.. "Association Memberships and Generalized Trust: A Multilevel Model Across 31 Countries", *Social Forces*, 2007, 86(1): 63–75.

Richardson, James T.. "Definitions of Cult: From Sociological-Technical to Popular-Negative", *Review of Religious Research*, 1993, 34(4): 348–356.

Robbins, Thomas. "'Quo Vadis' the Scientific Study of New Religious Movements?", *Journal for the Scientific Study of Religion*, 2000, 39(4): 515–523.

Scheitle, Christopher P. and Kevin D. Dougherty. "The Sociology of Religious Organizations", *Sociology Compass*, 2008, 2(3): 981–999.

Scheitle, Christopher P.. "Organizational Niches and Religious Markets: Uniting Two Literatures", *Interdisciplinary Journal of Research on Religion,* 2007, 3: 1–29.

Schwartz ,Lita L. and Florence W. Kaslow. "The Cult Phenomenon: A Turn of the Century Update", *The American Journal of Family Therapy,* 2001, 29: 13–22.

Smidt, C. E.. "Religion and Civic Engagement: A Comparative Analysis", *The Annals of the American Academy of Political and Social Science*, 1999, 565(1): 176–192.

Smith, Thomas W. (ed.). *Authority and Power in the Medieval Church, c. 1000–c. 1500*, Turnhout: Brepols Publishers, 2020.

Snow, D. A. and Cynthia L.Phillips."The Lofland-Stark Conversion Model: A Critical Reassessment", *Social Problems*, 1980, 27(4): 430–447.

Soper, J. C.. "Tribal Instinct and Religious Persecution :Why Do Western European States Behave So Badly?", *Journal for the Scientific Study of Religion,* 2001, 40(2): 177–180.

Stark, Rodney. "Atheism, Faith, and the Social Scientific Study of Religion", *Journal of Contemporary Religion*, 1999, 14(1): 41–62.

Swatos ,William H., Jr.. "Church-Sect and Cult: Bringing Mysticism Back in", *Sociological Analysis*, 1981, 42(1): 17–26.

Swatos,William H., Jr.. "The Function of 'Church' in The Sociology of Religion in America", *Social Compass*, 2012, 59 (4): 515–524.

Tracey, Paul. "Religion and Organization: A Critical Review of Current Trends and Future Directions", *The Academy of Management Annals*, 2012, 6(1): 87–134.

Wedemeyer, Christian K. and Wendy Doniger (ed.). *Hermeneutics, Politics, and the History of Religions: The Contested Legacies of Joachim Wach and Mircea Eliade*. New York: Oxford University Press, 2010.

Welch, M. R., *et al.*. "Trust in God and Trust in Man: The Ambivalent Role of Religion in Shaping Dimensions of Social Trust", *Journal for the Scientific Study of Religion*, 2004, 43(3): 317–343.

Wollebaek, D. and P. Selle. "Origins of Social Capital: Socialization and Institutionalization Approaches Compared", *Journal of Civil Society*, 2007, 3(1): 1–25.

Wright, Stuart A.. "Reconceptualizing Cult Coercion and Withdrawal: A Comparative Analysis of Divorce and Apostasy", *Social Forces*, 1991, 70(1): 125–145.

Wuthnow, Robert. *The Restructuring of American Religion: Society and Faith Since World War II*. Princeton: Princeton University Press, 1988.

Zak, P. J. and S. Knack. "Trust and Growth", *The Economic Journal*, 2001, 111: 295–321.

图书在版编目（CIP）数据

宗教组织 / 黄海波著. — 北京：商务印书馆，2024. —（宗教学关键词 / 金泽主编）. — ISBN 978 - 7 - 100 - 24190 - 8

Ⅰ. B920

中国国家版本馆 CIP 数据核字第2024C87F52号

宗教学关键词（第一辑）

宗 教 组 织

黄海波　著

商　务　印　书　馆　出　版
（北京王府井大街36号　邮政编码 100710）
商　务　印　书　馆　发　行
山东临沂新华印刷物流
集团有限责任公司印刷
ISBN 978 - 7 - 100 - 24190 - 8

2024年8月第1版　　开本 889×1194　1/32
2024年8月第1次印刷　　印张 4⅞

定价：158.00元（全七册）